那你说的那个人呢？后来怎么样？

——习近平

庆祝中华人民共和国成立70周年研究成果

"乡村振兴的宁波样本系列丛书"

邢孟军　副主编
邓纯东　主　编

乡村振兴的宁波样本系列丛书

主编：邓纯东　　副主编：邢孟军

城乡融合发展中走向振兴的城郊村
霞南村

赵永红 ○ 编著

红旗出版社

图书在版编目（CIP）数据

城乡融合发展中走向振兴的城郊村：霞南村 / 赵永红编著. — 北京：红旗出版社，2019.7
（乡村振兴的宁波样本系列丛书 / 邓纯东主编）
ISBN 978-7-5051-4864-2

Ⅰ.①城… Ⅱ.①赵… Ⅲ.①农村－社会主义建设－研究－宁波 Ⅳ.①F327.553

中国版本图书馆CIP数据核字（2019）第101220号

书　　名	城乡融合发展中走向振兴的城郊村：霞南村			
编　　著	赵永红			
出 品 人	唐中祥		选题策划	刘险涛
总 监 制	褚定华		责任编辑	毛传兵
出版发行	红旗出版社		地　　址	北京市沙滩北街2号
邮政编码	100727		编 辑 部	010-57274526
E－mail	hongqi1608@126.com			
发 行 部	010-57270296			
印　　刷	廊坊市海涛印刷有限公司			
开　　本	710毫米×1000毫米　1/16			
字　　数	131千字		印　　张	11.5
版　　次	2019年7月北京第1版		2019年7月廊坊第1次印刷	
ISBN 978-7-5051-4864-2			定　　价　68.00元	

欢迎品牌畅销图书项目合作　　　联系电话：010-57274627
凡购本书，如有缺页、倒页、脱页，本社发行部负责调换。

  实施乡村振兴战略，是以习近平同志为核心的党中央作出的重大决策，也是新时代做好"三农"工作的新旗帜和总抓手。我们要按照总书记提出的"产业振兴、人才振兴、文化振兴、生态振兴、组织振兴"的要求，紧密结合开展"大学习、大调研、大抓落实"活动，大胆闯、大胆试，推动乡村振兴走在前列。

——中共浙江省委书记 车 俊

张人亚同志的一生，是革命的一生、奉献的一生、光辉的一生，是共产党人不忘初心、牢记使命、永远奋斗的生动写照。张人亚同志的革命事迹和崇高精神，是激励我们开拓创新、锐意进取的宝贵精神财富，永远值得我们学习和弘扬。张人亚同志为我们留下了珍贵的红色文献，更为我们树立了崇高的精神丰碑。我们要以张人亚同志为榜样，高举习近平新时代中国特色社会主义思想伟大旗帜，弘扬"红船精神"，焕发革命斗志，为实现新时代党的历史使命不懈奋斗！

——浙江省委副书记、宁波市委书记郑栅洁同志
在张人亚诞辰120周年铜像落成仪式大会上讲话

目录 contenst

061 第四章 包容性治理与服务：霞南村社会建设

043 第三章 城市化与产业发展：霞南村经济建设

016 第二章 革命者张人亚：霞南村的红色丰碑

001 第一章 从历史中走来：霞南村概况与村史

001 前言

076 第五章 守正、传承与创新：霞南村文化建设

109 第六章 守护一片绿水青山：霞南村生态建设

121 第七章 党建引领『三治』：霞南村政治建设

156 附件

163 后记

前　言

党的十九大擘画了新时代中国特色社会主义发展的宏伟蓝图，并将乡村振兴战略作为实现伟大蓝图的七大战略之一。乡村振兴战略既是全面建成小康社会的战略举措之一，也是我国基本实现社会主义现代化、进一步建成现代化强国的必然要求，它的提出是习近平总书记"三农"思想发展的必然成果，是他浓浓"三农"情怀的具体体现。习近平同志当年迈向社会、开始工作的第一步就来到黄土高原山坳里的梁家河村，他在这里插队当农民，工作生活了7年，这里是他"三农"足迹的第一站，是他"三农"思想的萌生地；后来他在各级领导岗位工作时经常深入农村农户调查、慰问与指导，在实践中不断发展与丰富"三农"思想。党的十八大以来，习近平总书记始终挂念着农村发展和亿万农民的生活，并从党和国家工作全局的高度思考谋划"三农"工作。他深刻指出，"没有农村的小康，特别是没有贫困地区的小康，就没有全面建成小康社会"，进一步强调必须始终将解决好"三农"问题作为全党工作重中之重，"任何时候都不能忽视农业、忘记农民、淡漠农村；中国要强，农业必须强；中国要美，农村必须美；中国要富，农民必须富"。

党的十九大以来，习近平总书记对乡村振兴战略的重大意义、丰富内涵、实施方略进行了深刻阐述，并要求将其作为新时代"三农"工作的总抓手。他指出，"要把实施乡村振兴战略摆在优先位置，让乡村振兴成为全党全社会的共同行为""要实现乡村产业振兴、人才振兴、文化振兴、生态振兴、组织振兴，推动农业全面升级、农村全面进步、农民全面发展"。乡村振兴战略描绘了我国城乡融合式发展、亿万人民共同全面建成小康社会的美好蓝图；它的实施要以习近平总书记的"三农"工作思想为指导，大力破除乡村振兴的体制机制障碍，从宏观上出台、完善城乡融合式发展的制度与政策，为各种资源要素参与乡村振兴畅通渠道、提供保障，也需要各地立足实际，根据不同类型乡村的条件、特点与基础制定不同的行动策略。

我国区域经济社会发展条件与水平差别较大，就是同一区域内城郊村与腹地乡村发展基础与状况也不相同。改革开放后，一大批城郊村得天时、地利与人和之便，不仅经济社会发展水平一般要普遍高于那些地处腹地的乡村，而且发展形态、内容与特点也与后者有较大区别。总体上，这些城郊村的发展大多表现为典型的城市化与工业化特征，不仅大片农田被征用为工商业或城市住宅用地，而且传统农业产值和生产者占总产值和总人口的比例不断降低，甚至有的城郊村及其土地随着城市化推进已经成为城区的一部分，不再保有传统意义上的村落生产生活形态。因此，城郊村有区别于腹地乡村实现振兴与现代化的规律与特点，对其进行总结研究既有理论价值，更具有强烈的现实意义。

宁波市北仑区霞南村就是一个具有典型意义的城郊村。它位于第一

批14个沿海开放城市之一——宁波,坐落于宁波主城区东的北仑区,处于北仑城区和北仑港口的中间。受益于宁波港口经济发展和城市化推进,该村经济社会发展快速,大部分村民就业已经非农化,村民生活设施与社会保障很多方面已经市民化;但该村由于离北仑主城区有一定的空间距离,目前还没有完全实现城市化与非农化,其村落没有被拆迁并成为本地人居住地和大量外来人的租住地,部分农田没有被征用,依然用于农业生产;总体上,该村的发展变化体现了沿海城市郊区农村现代化特征,浓缩与展现了改革开放40多年的伟大改变。

霞南村还是革命者张人亚的家乡。2017年10月31日,习近平总书记率领十九届中央政治局常委专程到上海瞻仰中共一大会址,在讲解员介绍中国现存最早的《共产党宣言》中文译本之一及其保存情况时,他深情询问其保存者张人亚的下落,并指示要将这些见证历史的珍贵文物保存好、利用好。张人亚为革命事业奋斗一生,他和家人为党保存了首部党章和一批重要文件资料,为党的事业作出了重要贡献。张人亚和一批批共产党人参加革命的初心就是求民族之解放、国家之富强与人民之幸福。霞南村作为现代化进程中城乡一体化发展的缩影和全面建成小康社会的样本,生动体现了我们党的初心、使命与担当,体现了中国特色社会主义的强大生命力。

历史没有终点,发展永无止境。全面建成小康社会只是新长征路上的重要节点,全面建成社会主义现代化强国尚需不懈努力,实现共产主义理想更需一代代人接续奋斗。新时代新目标就在前方,新征程须从当下走起,需要付出更为艰巨的努力。习近平总书记指出,"中华民族伟大复兴,绝不是轻轻松松、敲锣打鼓就能实现的"。霞南村经过改革开放40多年的发展,发生了有目共睹的巨变,已经基本全面建成了小康社会,但这种发展还是初步与不平衡的,离人民对美好生活的向往和全面建成高水平小康社会的要求还有差距,还需要在乡村振兴战略实施中再出发再奋进。我们研究霞南村的发展,就是要寻根溯源,梳理其发展脉络,探寻其发展特点,完善其发展规划,助其向现代化的更高目标攀登;就是力图以霞南村为个案,更深入更全面把握城郊村现代化的特点与规律,为其他城郊村全面建成小康社会和现代化发展提供借鉴与启示。不忘初心,方得始终,只要我们深刻领会和坚决落实习近平总书记的"三农"思想,坚守张人亚等革命前辈的初心,求真务实,砥砺前行,千千万万个霞南村就一定能振兴,伟大的中国梦就一定能实现!

第一章

从历史中走来：霞南村概况与村史

霞南村位于宁波市北仑区霞浦街道东部，村委会驻八柱桥附近，村域面积1.0平方公里。目前，村内共有20个小组，户籍人口568户，1265人，其中男性612人，女性653人。村民主要以张姓和胡姓为主，90%以上人口居住在本辖区内。60岁以上村民约550人，以前多以从事农业生产为主。40岁以下村民总体文化水平高中以上，主要从事外贸、服务等第三产业。外来流动人口4000余人。村民中有党员53人，村民代表61人。近五年来村集体经济收入100多万元，人均收入3万元。

霞南村村庄南北两边是329国道，东边是东山路，西边及西南边是霞浦路，并与宝山村、霞西村接壤。村庄内部主要干道有槐宝路、胜宝

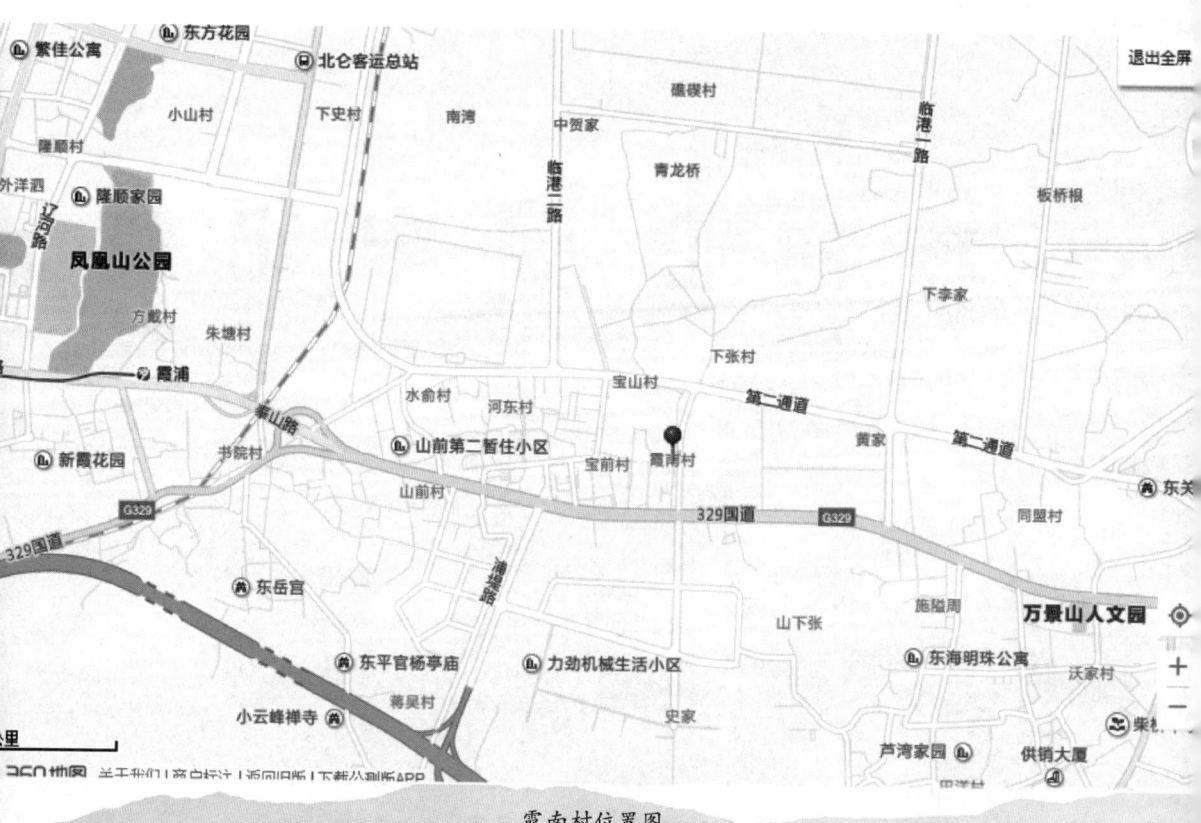

霞南村位置图

霞南村村庄布局图

路、霞南路、霞浦南路、庙桥路和八柱桥路等。

霞南村有小地名槐花、庙前张、大庙堂、龙头下等。槐花，村民主姓张，其先祖系南宋将领张千忠裔孙，南宋后期从大碶嘉溪村乌石岙迁入。村内有株槐花树，迄今280年尚根深叶茂。村由树得名。庙前张，村民主姓张，南宋后期从大碶嘉溪村乌石岙迁入。因坐落在杨亭庙前，故名庙前张。大庙堂，村民主姓张，元初从同村槐花分迁，村以庙得名。龙头下，村民主姓张，元初从同村槐花迁入，该地长山岗有天然龙潭，水流不止，故名龙头下。霞南村胡姓先祖跟随吴越国王钱某来到浙江，当上了越国的兵部尚书，后因年老辞职，在奉化簞溪大胡定居，宋朝时又从奉化迁到这里，成为霞南村最早的胡姓居民。因此，霞南村村民先祖有较高的政治地位与文化身份，为后世发展和文化传承提供了厚实基础，加之霞南村又地处浙东经济文化发达之地，其经济社会文化必然比较发达，村内历史遗迹便是最生动具体的见证。

霞南村清代禁碑上的石刻

  霞南村是革命者张人亚的家乡。张人亚是中国共产党早期杰出的职业革命家，1921年入党，他是宁波籍的第一位中共党员。2017年10月31日，习近平总书记率领新当选的十九届中央政治局常委专程到上海瞻仰中共一大会址时，深情询问中国现存最早的《共产党宣言》中文译本保存者张人亚的下落。中央电视台等重要媒体都对这一新闻进行了报道，此后张人亚的事迹得到了进一步整理与报道，张人亚故居也建设成为宁波市党员教育基地，张人亚及其家乡霞南村开始闻名天下。

  张人亚故居位于霞南东路19号，当地人称"祠堂后"。1898—1914年张人亚生活于此。该房建于清中期，为三合院式建筑。院内现有正房一进，东西厢房各一座。院落四周院墙围拢，朝南开门，在南墙中段有墙门一座。墙门以条石为框，上承砖作仿硬山顶门楼，三合院有后门，通向村内小巷。

第一章 从历史中走来：霞南村概况与村史

张人亚故居

张人亚故居后门

霞浦新街

霞南村在旧社会生意人多，开店人多。霞南有一条有名的朝北街，它是从前霞浦唯一的一条街。朝北街因为面朝北得名，临河而建，东西走向。曾经朝北街商贸繁荣，有药店仁义堂、培本堂，有南货店源大、协大、兴大等，还有来自穿山码头的海鲜，阿庆肉店、张德来剃头店等。以前，霞浦人买东西都会说去"河湖涨"，说的就是河湖涨的朝北街。20世纪80年代，新建霞浦新街，朝北街商贸市场才渐渐退去。现在的朝北街依然在，长约200米，宽6米左右，这里依旧是老一辈霞浦人难忘的"河湖涨"。

霞浦新街商铺、酒店、饭馆、娱乐场所林立，十分繁华，成为霞南村及附近居民购买日常商品和消费的重要场所。

在霞南，还有霞浦工办食堂，光听名字就有着浓浓的时代印记。烤

霞浦新街商铺

牛肉、大肠萝卜羹、炝蟹、岙鸡芋艿羹、三鲜,这些家常菜一直是这家饭店的招牌,招来了很多的爱吃"妈妈菜"的食客。

另外,"童装之乡"也是由霞南村发端的,当年的霞浦童装市场也是不容小觑的。20世纪80年代初,乡镇企业普遍缺少资金、技术人才和销售渠道等困难环境,霞浦人正是凭着"历经千辛万苦,说尽千言万语,走遍千山万水,想尽千方百计"这种"四千精神",不畏艰难险阻,冲破道道关隘,由弱到强,创造了霞浦童装十几年的辉煌。如今,霞浦童装虽然辉煌不再,但成千上万的霞浦人依旧保持着"四千精神",在新的时期发展着自己新的事业,为创造更美好的生活而不懈努力着。

【厨艺精湛的张太法与工办食堂】

下张人张太法凭着一手好厨艺，获得了"土厨工"的美称。1979年底，他带着妹妹和几个助手迈进霞浦工办食堂，一干就是三十年。他的拿手好菜——炒鸡芋艿圆、大肠萝卜羹、烤牛肉、炝蟹等一下子成为工办食堂出名的菜肴。工办食堂开张之初，一楼是企业员工食堂、二楼是做炒菜的餐厅，那时霞浦的乡镇企业有100多家，搞供销的、谈业务的，人来人往，到工办食堂用餐的人一拨接着一拨，生意相当红火。1995年，工办食堂改制，张太法将工办食堂承包下来，依据形势的变化，停办了一楼的食堂，集中精力经营好二楼的餐饮部。现今，食堂里的厨师都是张太法带出来的，菜肴没有"走味"，烤牛肉、大肠萝卜羹等特色菜依旧让人们津津乐道。

霞浦工办食堂

　　霞南村还走出了中国电影事业开拓者张石川，他是中国第一代电影导演的中坚，一生共导演150多部电影。他的主要作品有《三笑》《夜深沉》《金粉世家》《空谷兰》《啼笑因缘》等，故事性强，通俗易懂。1928年他导演的神怪武侠片《火烧红莲寺》，在上海电影界引起竞相拍摄神怪武侠片的潮流；1931年他导演了以蜡盘配音的中国第一部有声影片《歌女红牡丹》。

1991年12月霞浦童装市场开业当天街头人山人海

张石川

电影《火烧红莲寺》剧照

霞南村地理区位优势得天独厚,历史积淀深,人民勤劳智慧,新中国成立70年特别是改革开放40多年以来,在中国共产党的领导下积极投身社会主义改造、建设和改革开放的伟大事业,为国家发展和社会进步作出了自己的贡献,同时霞南村政治经济、社会文化、生态建设都取得了翻天覆地的变化和巨大成绩,霞南村先后被上级政府部门评为区级卫生村、文明村、三星级民主法治村等荣誉称号。

霞南村所在的霞浦街道位于北仑区中部,居北仑港畔,北濒金塘水道,与金塘岛、大榭岛隔海相望,东南与柴桥街道毗邻,西与大碶、新碶街道接壤,距宁波市区32公里,是北仑开发开放的前沿地带和北仑区核心商务区的东门户。霞浦街道地属大碶—柴桥平原,地势西南高,东北低。

霞南村获得的部分荣誉

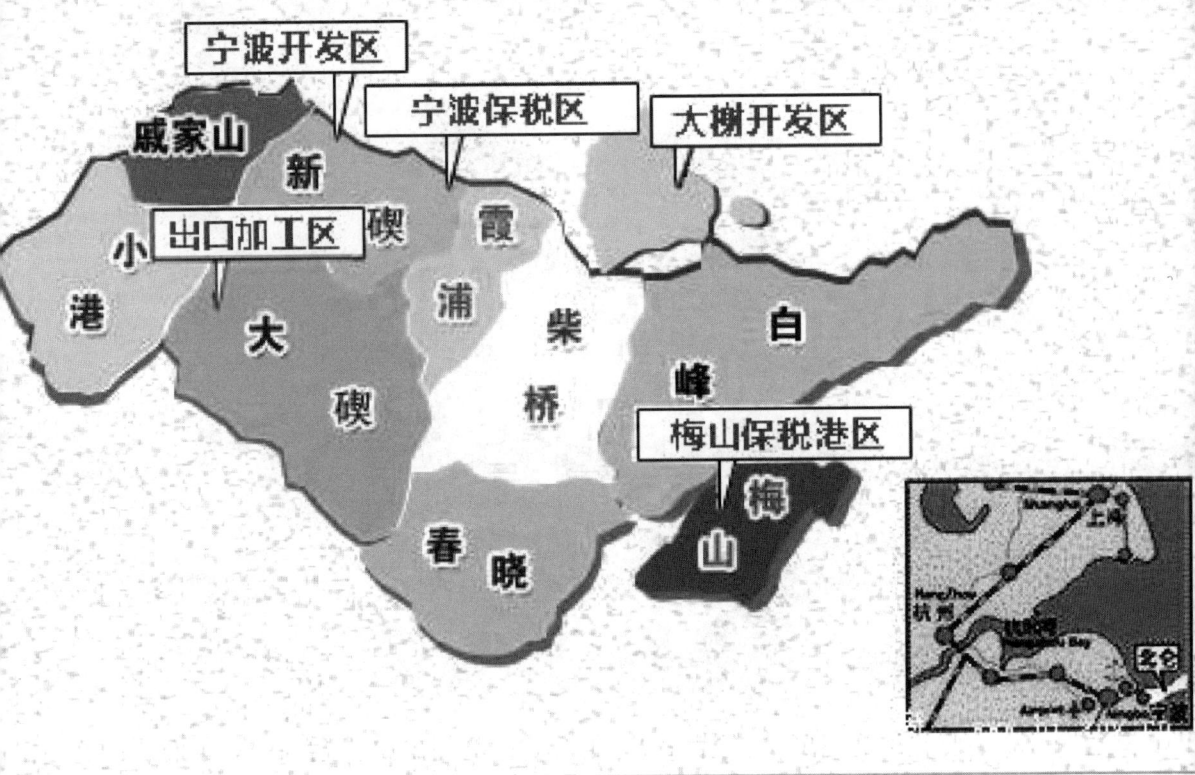

霞浦街道位置图

　　霞浦街道内交通便捷，新老329国道线、骆霞线穿街道而过。街道总面积29.7平方公里，辖区实有人口7.16万人，其中常住人口2.77万人，外来人口4.39万人。耕地面积387.7公顷。街道人口最多的是张姓，霞浦古称"下浦张"，相传南宋名将张千忠嫡孙到该地定居，因张姓家屋外有"浦"，故称下浦张，后人雅称霞浦张。1927年建霞浦张镇，简称霞浦，1936年置霞浦、九峰、下洋3乡，1956年5月合并成霞浦乡，1988年8月撤乡建镇，2003年8月撤镇建街道。现全街道下辖7个社区和22个村，街道办事处位于书院村水斗8号。

　　新中国成立前，霞浦境内除3家碾米厂、几家石灰窑厂、石厂和人工榨油厂外，基本无工业可言。唯独民间手工艺作坊历史悠久，其

霞浦街道航拍图

中又以个体手工业为主,涉及竹、木、铁制品制作,如轧花等。1968年组建霞浦农机厂、霞浦船厂(主要生产水泥船)。20世纪80年代,霞浦兴起童装业,1991年建成了童装市场,20世纪90年代前期,销售网络遍及全国各地,有童装之乡的美称。后来这些半机械化操作的童装企业失去了原有优势,被市场逐渐淘汰,取而代之的是霞浦模具业、塑胶加工业、缝纫配件业等兴起,并不断发展壮大。霞浦有利的区位优势和良好的投资环境,吸引了诸多国内外客商前来投资兴办企业,宝新不锈钢有限公司、台塑台化集团、吉利汽车制造集团、宁波钢铁有限公司等大项目纷纷落户霞浦。街道现有500万元以上规模企业64家,初步形成了以石化、冶金、机械、汽配、服装为主的产品体系。

为加快经济发展,积极培植和挖掘本地资源优势,霞浦街道相继开发一期、二期、三期工业园区、现代国际物流园区。第一、二、三期工

霞浦工业园区

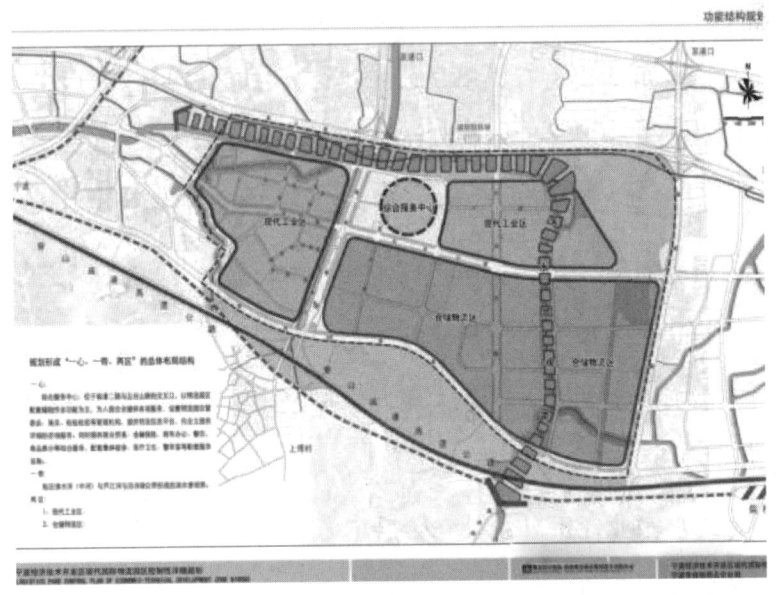

霞浦国际物流园区规划图

业园区占地1060亩，有企业105家，现代国际物流园区是街道近年来投资最大的项目，园区地处港口腹地，距离北仑港二期码头6公里、三期码头9公里、四期码头15公里，距离大榭国际集装箱码头6公里，园区面积达6.3平方公里，辐射范围广，发展空间大，具有很强的区位优势和建成一流现代物流园区的条件。

随着区域经济社会发展，霞浦街道依据功能分为六个区块：一是临港产业区块。目前已经聚集了宁钢、宝新、台塑、吉利等重点企业，成为区域临港产业发展的重要平台和支撑。二是现代物流园区。从2009年5月成立至今，已实现阶段性发展目标和区定的财政收支平衡目标，成为省级服务业集聚示范区、物流贸易产业园，挂牌宁波市唯一的"进出口商品采购贸易改革示范区"，宁波市首个"全国知名品牌示范区"，也是目前全国唯一的现代港口物流品牌示范区。三是核心商务区块。该区块位于陈华铁路以西，是北仑核心商务区和汽车产业基地的重要板块。四是城市片区。目前街道有凤凰、黄鹂、百灵三个城市社区，均为拆迁安置型社区。五是农村片区。包括陈华浦社区（迁建安置型）、新浦社区（村居企混居型）、物流园区公共服务中心（工业型）及16个行政村。六是上傅新农村区块。上傅村位于九峰山北麓，是霞浦街道最南端的一个行政村，也是霞浦保留最完整的一个村，依据"秀美上傅"建设规划，将主动与柴桥紫石片区、大碶九峰片区相接，打造区域旅游观光精品线路。

  霞浦街道工农业经济总量处在全区中游。农业生产紧紧围绕农业增效、农民增收这个重点，大力调整农业产业结构，发展以花卉、蔬菜种植为主的农业产业化建设。2012年，茶园面积59公顷，茶叶总产量55680吨；果园面积936公顷，水果总产量398.6吨；花卉园艺销售额1652万元。2012年街道实现规模以上工业产值191541万元，同比增长1.06%；销售值184548万元，同比增长1.15%；实现正常税收22348万元，同比增长7%；新增企业三产税收为5256万元，同比增长20.77%。2014年规模以上工业产值481亿元，总量居全区第三；完成综合性税收4.24亿元，增长12.4%，总

秀美上傅

量居全区第五。2015年完成税收4.37亿元、财政收入1.73亿元，固定资产投资53.3亿元，跃居成为全区经济增长速度最快的街道之一。

可见，霞南村处于长三角南翼发达的宁波地区和北仑港口区，主要由张姓和胡姓村民先祖在古代从北边逐渐迁至此地生活与繁衍而来，其文化根基深厚，农业和与海相关的经济、文化比较发达，文化与工商业人才辈出，又是革命先驱张人亚的家乡。改革开放后，霞南村及所在的霞浦街道在工业化、城市化和港口经济快速发展的大背景下，政治经济社会文化生态建设全面推进，总体上已基本全面建成了小康社会。霞南村将依托自己的区位优势、发展基础与文化资源，在张人亚革命精神的激励下，继续在现代化建设中走在前列，率先基本实现社会主义现代化。

第二章
革命者张人亚：霞南村的红色丰碑

习近平总书记观看历史文献

2017年10月31日，习近平总书记率领十九届中共中央政治局常委来到上海市兴业路76号中共一大会址。当总书记走到1920年9月出版的《共产党宣言》中文译本展柜前时，讲解员说："总书记，您可以再往前看一下，在这本书封面上有一个长方形的书章。"

总书记驻足细看，书章上面有"张静泉（人亚）同志秘藏山穴二十余年的书报"18个字。他对讲解员说："很珍贵，那你说的那个人呢？后来怎么样？"

"1932年在中央苏区积劳成疾去世了，但是家人都不知道他去世的消息。"讲解员说。

听到回答，总书记神色凝重。

总书记深情询问其下落的"那个人"，就是张人亚。

张人亚，1898年5月18日出生于镇海县泰邱乡（今北仑区霞浦街道）霞南村，其父张爵谦为其取名静泉，谱名守和，"人亚"是静泉参加革命组织后自己改的名字，父亲张爵谦为农民。他幼年就读于霞浦学堂，后入镇海县立中学（今镇海中学），15岁时离开宁波到上海银楼做学徒。1920年，张人亚加入进步工人团体——上海工商友谊会，1921年加入中国社会主义青年团（1925年改称中国共产主义青年团），同年11月加入中国共产党。他参加革命后，领导了上海金银业的罢工斗争，给中外反动势力以沉重的打击；他主持出版了上海总工会机关报《平民日报》，为上海第三次工人武装起义摇旗呐喊；他担任中共中央秘书处内交科主任期间，在极其严重的白色恐怖下，多次出色地完成了党交给他的秘密任务；他出任苏区出版事业掌门人后，组织出版了一系列革命书籍报刊，普及了马克思主义和文化科学知识。1932年，34岁的张人亚病逝，把自己短暂的一生献给了革命事业。

一、"那个人呢"：寻找张人亚

总书记深情询问的"那个人"的下落，其家人也是直到2005年才得知。1927年冬，张人亚从上海回到霞南村，然后很快就离开了家乡，从此他再也没有回过家乡，1932年初张人亚到中央苏区后其家人也不知其去向。新中国成立后，张人亚家人经过近半个世纪的寻找才知道他的下落，他的事迹才被挖掘、收集、整理与宣传。

张人亚青年时期的照片

1927年冬，张人亚回到家乡宁波北仑霞南村，将他保存的一批党的重要文献资料交给父亲并嘱其妥善保管，然后就离开家乡继续从事革命活动，从此他再也没有回到家乡，1932年他去中央苏区后就失去音讯。新中国成立后，其家人四处寻找他的下落，当时甚至还在报纸上登过寻人启事，但始终音讯全无，1956年张人亚父亲去世时也没有得到关于他的消息。后来，张人亚的弟弟张静茂遵照父亲的嘱托把这批文献无偿捐献给上海市工人运动史料委员会和上海革命历史纪念馆筹备处时，也没有从这些机构中找到关于张人亚下落的信息。直到2005年，张人亚侄孙

张人亚故居卧室

张建文的堂姐在网上发现中共一大会址在介绍馆藏文物时提到了"张静泉"这个名字,赶紧打电话给张静茂,这也是张人亚的后人苦苦寻找半个多世纪后第一次有了张人亚的消息。

这一发现重新燃起了他们寻找张人亚下落、探寻其革命事迹的希望。功夫不负有心人,在中共一大会址纪念馆工作人员的帮助下,张人亚的家人在上海图书馆找到了1933年1月7日中华苏维埃共和国临时中央政府在其机关报《红色中华》发表的题为《追悼张人亚同志》的悼词。正是在这篇悼词中,张家人终于知道,苦苦寻找了半个多世纪的张人亚早在1932年12月,在从江西瑞金前往福建长汀途中,因公殉职。

在得知张人亚的下落后，张人亚的侄子张时华和几个兄弟姐妹一起前往瑞金，在《南方文物》主编许智范的帮助下，找到了时任瑞金市委党史办公室副主任的曹春荣，最终确认了张人亚的身份。张人亚后人和记者还在瑞金去长汀的途中寻找张人亚的墓地，但最终还是无法找到张人亚究竟葬于何处。

在确知张人亚的下落后，张人亚的革命事迹就被张家人和地方政府

《追悼张人亚同志》的悼词

不断挖掘收集。他们认为"张人亚是一名共产党员,他的生平事迹也是党的宝贵财富,作为后人,尽自己的努力,挖掘更多、更真实、更完整的史料,是对先人的尊重,也是为党做一些贡献"。由于张人亚逝世的早,又逝世在路上,关于张人亚的历史资料仍存在一些空白。作为后人,他们希望通过不断挖掘,向世人展示更加完整、丰满的张人亚。张人亚的活动影像首次在1925年苏联电影工作者拍摄的纪录片《东方之光》中被发现,影片画面中一个长相、身高看起来很普通的男子正在聆听周围的人说话,这名男子就是张人亚,这名男子身边站着的那个外国人是这部纪录片的导演。

为了回答总书记对首部党章保存者下落的深情询问,为了全面宣传张人亚革命事迹和革命精神,北仑区霞浦街道党工委组织力量对张人亚

张人亚侄孙张建文在中共二大会址纪念馆缅怀张人亚

当年苏联记者拍摄的张人亚（中）活动影像

的革命事迹进行了"抢救性地挖掘"。他们将挖掘整理张人亚红色文化资源，打造"张人亚红色文化品牌"作为"大脚板走一线，小分队破难题"攻坚项目，由党工委书记挂帅，担任项目领导小组组长，获取张人亚侄子张时华老先生10多年来持续不断挖掘的重要资料和线索，频繁往上海、瑞金等地搜集关于张人亚生平和革命事迹的资料。经过张人亚后人、霞浦街道、北仑区党史办、省内外党史研究专家以及相关部门的努力，张人亚的简介从原先的薄薄半页纸变成现在的厚厚一叠，生平更是细化到月份。考证的资料、文献和各种说明更是多达百余项。张人亚作为第一部党章守护者、上海金银业工人运动领袖、中华苏维埃中央出版局局长……历史地位的基本确认，让张人亚被越来越多的人所知，也让"张人亚红色文化品牌"打造有了底气。张人亚革命事迹的收集，为其革命精神的提炼、学习、研究与宣传打下了基础。

二、张人亚的革命贡献

通过对张人亚一生的革命活动进行的梳理和总结，从中可以看出他

张人亚领导工人罢工剧照

在短暂的革命生涯中为党和人民作出的重要贡献。

领导工人运动。张人亚早期在上海领导工人运动,其中,1922年他领导的上海金银业工人大罢工影响最大、时间最长,共有2000多名工人参加,持续了28天。这是中国共产党成立后在城市举行的持续时间最长的工人罢工,提高了工人的阶级觉悟,使工人的工作和生活条件得到改善,在上海产生了极大反响。

领导地方党团工作。1922年5月至1923年9月,张人亚先后担任中国社会主义青年团上海地方执委会委员、书记。1923年9月以后,张人亚转到上海地方党组织工作。此后至1926年9月,他先后担任中共上海地委

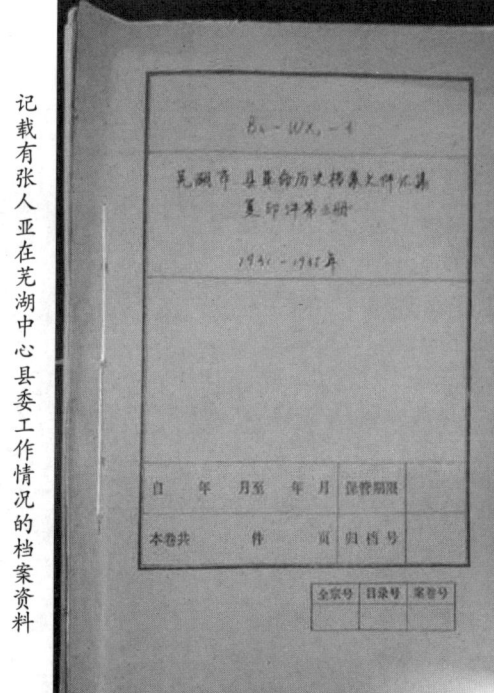

记载有张人亚在芜湖中心县委工作情况的档案资料

直属第二党小组组长、中共浦东支部联合干事会书记、中共浦东部委书记、组织部主任兼宣传部主任等职。大革命失败后的1931年，在中共安徽省委遭到破坏的情况下，张人亚临危受命，前往安徽担任芜湖中心县委书记，领导安徽沿长江及长江以南34个县的党的工作。经过艰苦努力，他把零散的基层支部、小组建成比较健全的组织系统，开创了新的工作局面。

在秘密战线坚持斗争。"四一二"反革命政变后，张人亚在白色恐怖笼罩下的上海，从事党的秘密工作。1928年4月至1929年7月，张人亚先后担任中共中央组织局交通科内交主任、中共中央秘书处内埠交通科科长。他凭着对党的忠诚，领导内交人员，机智勇敢，临危不乱，多次完成文件、情报传递和接送党的领导同志等任务。

为党经管与筹集资金。由于革命发展，需要大量资金，张人亚在金融方面很有能力，具有廉洁的高尚品质，中共中央经过考察，让他经管资金。他利用开设金铺作掩护，出色完成各项任务。1930年.张人亚从苏联回国，担任中国革命互济会全国总会主任，并经党指派，在安徽芜湖开设银楼金铺，以此作掩护，为党筹集经费，秘密负责处理革命根据

革命者张人亚：霞南村的红色丰碑  第二章

地没收来的财物，将其兑换成现洋及钞票，转交上海的中共中央，作为党的活动经费。仅1930年6月和12月两次，就筹集和兑换黄金2707两。1930年底，张人亚奉命调回上海，在党的领导下开展反对白色恐怖、救济被压迫群众和革命战士等活动。

履行工农检查委员职责。1931年底，张人亚奉调江西苏区工作，担任第一届中央工农检察委员会委员，协助制定中华苏维埃共和国的

1928年至1931年中共中央组织部办公地
（原上海成都北路丽云坊）

各种检察制度，督查方针政策执行；处理违法乱纪案件；参与开展检查各方面的工作。张人亚对工作认真，常到苏区各地查处各种违法乱纪案件，做到以事实为依据，以法律为准绳，得到同志们的认可。

领导党的出版发行工作。张人亚一生的很多革命活动，都与党的出版发行事业相联。1922年10月，张人亚在党组织安排下，到商务印书馆同孚合作社工作，开始从事出版发行工作。

张人亚在此为党兑换现钞的宝成银楼复制图

中央工农检察委员会旧址

1923年8月至11月，张人亚在中共中央机关报《向导》周报从事发行工作，广泛传播共产主义思想。1927年2月，张人亚任上海总工会机关报《平民日报》发行所负责人。

1932年6月，张人亚在任中央工农检察委员会委员的同时，又担任中华苏维埃共和国中央出版局局长兼总发行部部长，同时兼代中央印刷局局长，领导中央苏区的出版发行事业。

张人亚和其他革命者一样，生活条件相当简陋，居所与办公室通用，但就是在这样艰苦的环境中，他带领同志们勤奋工作，为党的出版事业作出了重要贡献。

商务印书馆中共党小组的第一张合影

嚮導週報

第一百七十九期

目次

九江陷落與天津會議……述之

革命與武力……獨秀

爪哇的暴動……魏琴

江浙農民的痛苦及其反抗運動……潤之

奉國戰爭中之京綏鐵路工人……大石

寸鐵（十一則）——

英國律師口中之帝國主義（實）——到底是誰強奪他人的財產妻女爲己有？（實）——自治呢還是由軍閥保境安民？（實）——國家主義派眼中的愛國軍隊及其五色旗（實）——國家主義者眼中的赤化（實）——青天白日旗是共產黨的嗎？（實）——字林西報目中之「赤化」原是如此！（玄）

討赤領袖與保字鐵蹄下的河南人民（開封通信）……守愚

一九二六年十月二十五日

The Guide Weekly.

嚮導週報

造國論

獨秀

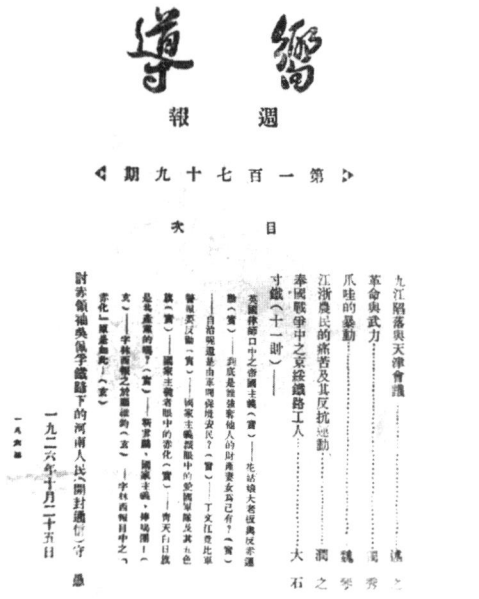

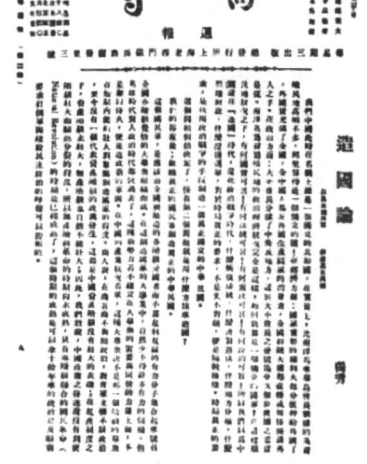

《向导》周刊

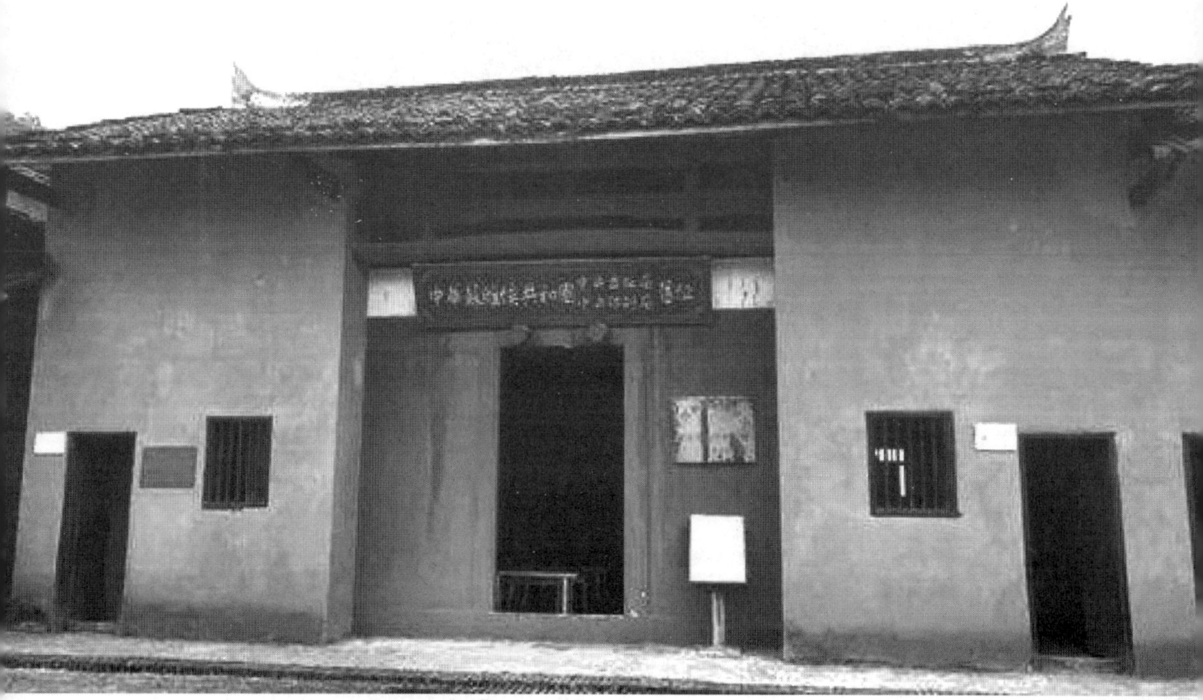

中华苏维埃共和国中央出版局旧址

革命者张人亚：霞南村的红色丰碑  第二章

保存党的珍贵文献。由于张人亚长期从事党的出版发行工作，他深知党的文献资料的重要性，平时十分注意收藏和保护党的文献。1927年冬，大革命失败后，张人亚冒着生命危险，携带着自己秘密收藏的中共第一部《党章》《共产党宣言》中译本等数十件重要文献，在白色恐怖下悄悄潜回家乡宁波，把这批珍贵文献交给自己的父亲张爵谦，嘱托父亲要不惜代价保护好。

张人亚离开后，父亲张爵谦为了保护文献，在家乡为他建了一座衣冠冢，把这批文献秘藏其中，盼望儿子早日来取。然而直到1956年张爵

张人亚在瑞金时的居所与办公室

张人亚秘藏的中共二大党章

谦病逝，他始终没有等到儿子回来。

全国解放后，通过种种途径寻找儿子张人亚未果的张爵谦老人，带人取出秘藏在墓穴中的文献，郑重托付他的三儿子、张人亚的弟弟张静茂，把这批文献交还给中国共产党。1950年代，张静茂把这批文献无偿捐献给上海市工人运动史料委员会和上海革命历史纪念馆筹备处。目前，这批秘藏的文物分别由中共一大会址纪念馆、中央档案馆、国家博物馆珍藏，共有国家一级文物21件、二级文物4件、三级文物9件及部分未作评级的珍贵文献。

三、张人亚的革命精神

全面准确适当的历史评价，对总结提炼和弘扬张人亚革命精神、正确引导宣传报道、教育激励后人都具有重要意义。前期由于相关史料欠缺，对张人亚没有一个口径统一的历史评价。宁波市相关部门经过广泛调研，根据已知的张人亚生平史料，广泛征求了浙江、安徽、上海三省市党史部门领导和专家的意见，特别是专程征求了中央党史研究室第一研究部领导和专家指导意见，并经中央党史研究室第一研究部领导和专家审阅同意，形成了对张人亚的历史评价：张人亚是中国共产党的优秀党员，中央苏区检察工作和出版

张人亚保护下来的《共产党宣言》印刷本

发行事业的重要领导者，上海金银业工人运动领导人，为保存中国共产党第一部党章等党的早期文献作出了重要贡献。他把自己的一生献给了党、献给了人民、献给了革命事业，直到积劳成疾、因公殉职，是宁波的革命先烈、中共第一部党章的守护人、忠诚的共产主义战士。

张人亚同志舍生忘死、守护党章的感人事迹和丹心捍卫初心、使命重于生命的担当精神，是浙江"红船精神"的有机组成部分，是宁波红色文化重要代表，具有深远的历史意义和重要的时代价值。张人亚是霞南村人民的骄傲，他的革命事迹和精神感染着家乡人民，激励他们为家乡振兴和全面建成小康社会而努力奋斗。弘扬张人亚精神，对宁波"六争攻坚，三年攀高"行动，推动宁波高质量发展也具有重要的现实意义。

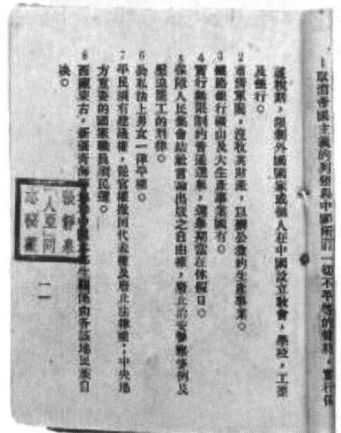  

张人亚保存的部分文献

张人亚故居指示标

城乡融合发展中走向振兴的城郊村 霞南村

张人亚故居周边环境

宁波市、北仑区和霞浦街道高度重视张人亚故居的保护、张人亚党章学堂的建设和张人亚精神的学习传承。他们对张人亚故居、衣冠冢进行了保护与修缮，在北仑霞浦街道"新浦老屋"建立"张人亚党章学堂"、张人亚公园并为其树立铜像，接待各地干部群众前来参观学习。他们还编撰张人亚事迹小册子、举行张人亚精神研讨会、召开张人亚诞辰120周年纪念大会、组建张人亚红色小分队、在各种媒体上报道张人亚事迹、创作反映张人亚事迹的话剧《守护》等艺术作品，这些都很好传播和宣传了张人亚的革命精神。

张人亚党章学堂建设期间各级领导都给予了关怀与指导。2017年12月1日，宁波市委常委、组织部部长钟关华参加张人亚党堂学堂开馆。12月4日，北仑区五套班子成员参观党章学堂。12月12日朱和平将军前来参

张人亚生平与事迹展示墙

观考察。

2018年以来，省市和北仑区领导暨军民、万亚伟、梁群、钟关华、毛宏芳、施惠芳、傅祖民等前来参观、指导。

张人亚党章学堂是张人亚精神传播的重要阵地。党章学堂总占地4000平方米，展厅及教育传承基地等室内面积1800平方米，分为学堂展厅、张人

宁波市委常委、组织部部长钟关华参加张人亚党章学堂开馆揭牌仪式

亚精神新浦社区实践传承基地、霞浦会堂3大部分。学堂室外为"党章宣誓墙",主要是为新发展党员提供一个入党宣誓阵地;学堂室内部分含5个展厅,其中在社区有"初心学苑"教室可以容纳70人,霞浦会堂可以容纳500人,为开展教育教学提供了良好条件。

浙江省纪委副书记暨军民参观党章学堂

学堂室内5个展厅分别为"视听室""张人亚与党章""党章的历史""党章与党纪""张人亚的初心和使命"等,展示了从上海中共一大会址纪念馆复制的张人亚保存的珍贵文献34件、中共党章演变历史以及张人亚的革命事迹等内容;新浦社区实践传承基地依托社区党群服务中心,确立了"人亚·家""人亚·匠""人亚·益""人亚·融"四大板块传承内容。霞浦街道建成了以张人亚党章学堂、故居、衣冠冢、人亚

张人亚党章学堂外景

张人亚党章学堂内院

路、东山路等三点两线的红色基地，年接待省内外团队1100余批次，30000余人次，有力宣传与传播了张人亚精神。

2018年5月18日中共宁波市委举行了张人亚同志诞辰120周年铜像落成仪式，省委副书记、市委书记郑栅洁同志在铜像揭幕仪式上对张人亚革命的一生做了高度评价，对其革命精神进行了深刻提炼，并号召大家要学习和弘扬张人亚精神，不忘初心，为新时代宁波新发展再出发、再奋斗。

郑栅洁同志在张人亚诞辰120周年铜像落成仪式大会上讲话

"张人亚同志的一生虽然短暂，但在我们党的历史上留下了不平凡的印记。"郑栅洁深情地评价道，张人亚同志的一生，是革命的一生、奉献的一生、光辉的一生，是共产党人不忘初心、牢记使命、永远奋斗的生动写照，"张人亚同志的革命事迹和崇高精神，是激励我们开拓创新、锐意进取的宝贵精神财富，永远值得我们学习和弘扬"。

而今，我们该如何缅怀这位英年早逝的中共首部党章守护者？在烈士铜像前，郑栅洁书记给出了答案——

张人亚同志诞辰120周年铜像落成仪式大会

郑栅洁书记指出,"我们纪念张人亚同志,就是要学习他百折不挠、矢志不渝的坚定信念。"就是要坚守共产党人的政治灵魂,筑牢共产党人的精神支柱,挺起共产党人的精神脊梁,自觉做共产主义远大理想和中国特色社会主义共同理想的坚定信仰者和忠实实践者。

张人亚生平与事迹宣传墙

"我们纪念张人亚同志,就是要学习他舍生忘死、一心为党的忠诚本色。"要把忠诚融入血脉、化为行动,强化"四个意识",坚定"四个自信",做到"四个服从",坚决维护习近平总书记的核心地位,坚决维护党中央权威和集中统一领导,始终在政治立场、政治方向、政治原则、政治道路上同以习近平同志为核心的党中央保持高度一致,为党和人民的利益奋斗不息、奉献不止。

"我们纪念张人亚同志,就是要学习他不畏艰险、勇挑重任的担当精神。"牢记中央和省委的殷切期望,牢记宁波人民的热切期盼,大兴真抓实干之风,力行攻坚克难之举,以时不我待、只争朝夕的精神投入

张人亚精神宣传图片

宁波市"六争攻坚"动员大会

城乡融合发展中走向振兴的城郊村 霞南村

"六争攻坚,三年攀高"行动,努力推动宁波走在高质量发展前列,当好新时代改革开放的排头兵、模范生,为全国全省大局作出新的更大贡献。

"我们纪念张人亚同志,就是要学习他严于律己、襟怀坦白的高尚品格。"就要增强廉洁自律意识、敬法畏纪意识,不忘为政之本,不谋一己之私,守底线、拒腐蚀、永不沾,做一个堂堂正正、清清白白的共产党人。

"张人亚同志为我们留下了珍贵的红色文献,更为我们树立了崇高

张人亚党章学堂中的入党誓词

的精神丰碑。"深情凝望着张人亚铜像,郑栅洁书记掷地有声地说道,我们要以张人亚同志为榜样,高举习近平新时代中国特色社会主义思想伟大旗帜,弘扬"红船精神",焕发革命斗志,为实现新时代党的历史使命不懈奋斗!

  总之,张人亚是霞南村和宁波人民的骄傲,张人亚革命精神是霞南村和宁波市宝贵的精神财富,郑栅洁书记对张人亚革命的一生进行了高度评价,对张人亚革命精神进行了准确提炼和深入阐释,为继续深化张人亚精神的学习宣传提供了新的基础与指导。在张人亚后人、相关专家学者和宁波市各级政府的共同努力下,一个其革命历程与事迹日益清晰丰满、革命贡献与地位得到适当评价、革命精神被准确提炼宣传的张人亚开始被人民群众所知晓所崇仰所学习,初步回答了习近平总书记对张人亚下落的深情询问。

第三章

城市化与产业发展：
霞南村经济建设

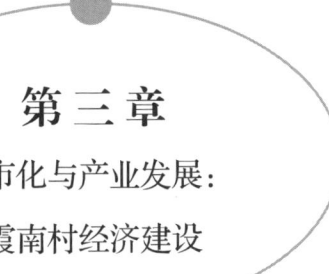

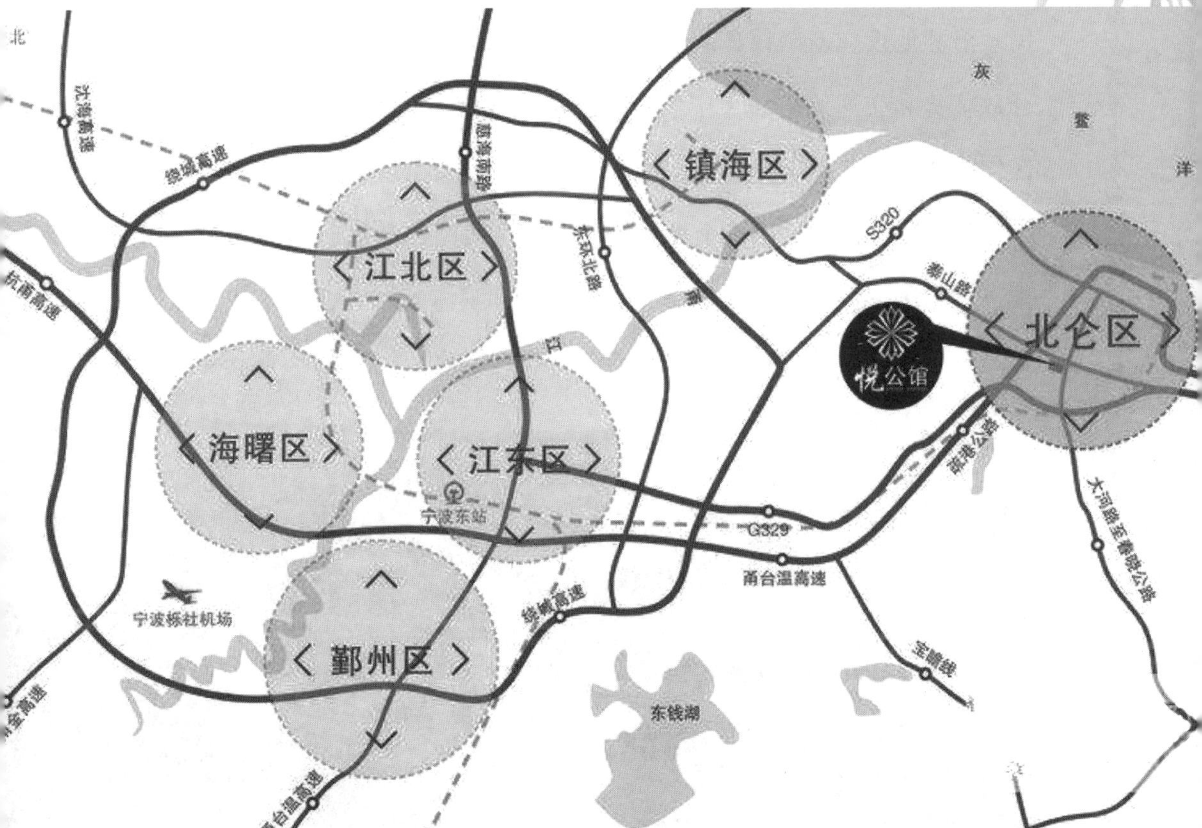

乡村振兴的要求之一是产业兴旺。产业兴旺与经济发展是实现乡村振兴的基础。霞南村居于改革开放前沿城市宁波和港区北仑，为区域城市化、工业化和港口经济快速发展做出了重要贡献，其自身经济也在这一过程中得到了发展，村民收入与生活水平大为提高，并已经达到了全面小康社会对经济发展的要求。

1985年7月，经国务院批准，原镇海县行政区划并入宁波市。原镇海县和滨海区行政区划以甬江为界，甬江以北为镇海区，甬江以南为滨海区，辖大碶、高塘、新碶、小港、邬隘、塔峙、江南、枫林、下邵、柴桥、大榭、亚浦、三山、紫石、昆亭、郭巨、峙头、白峰、上阳、梅山20个乡镇。1987年6月，经省政府批准，滨海区改名为北仑区，北仑区人民政府驻地设在新碶镇。北仑融入宁波具有区位优势、港口资源优势、开放优势和交通优势，《宁波市城市总体规划（1986-2000）》将北仑区作为全市开发和建设重点地区。

北仑区自己也提出了全面融入宁波的主战略，从2011年开始，全力推进"一区三城"建设，即中心城区、东部滨海新城、西部滨江新城和

北仑城区图

城市化与产业发展：霞南村经济建设  第三章

中央生态区的规划建设。霞南村作为北仑区的一部分也融入宁波城市化进程和城乡一体化发展之中。

霞南村成为征地拆迁的重要区域。自2002年以来，在城市化、工业化和港区建设中霞南村经历了协和石化征地项目拆迁、精细化工征地项目拆迁、台塑征地项目拆迁、开发区东区项目征地拆迁、永定河路段拓宽征地项目拆迁等多次土地征用。霞南村始终坚持着"谁拆迁，谁受益"的原则，积极配合街道拆迁办工作，通过房屋安置、货币安置、房票加货币安置等不同形式，共安置被征地人员1166人。在征地拆迁过程中，难免会出现一些利益矛盾，但是该村和村民都能够从发展全局和大势出发，妥善处理因征地拆迁引发的矛盾纠纷和信访矛盾，从根本上保证了区域工业化和城市化的推进。

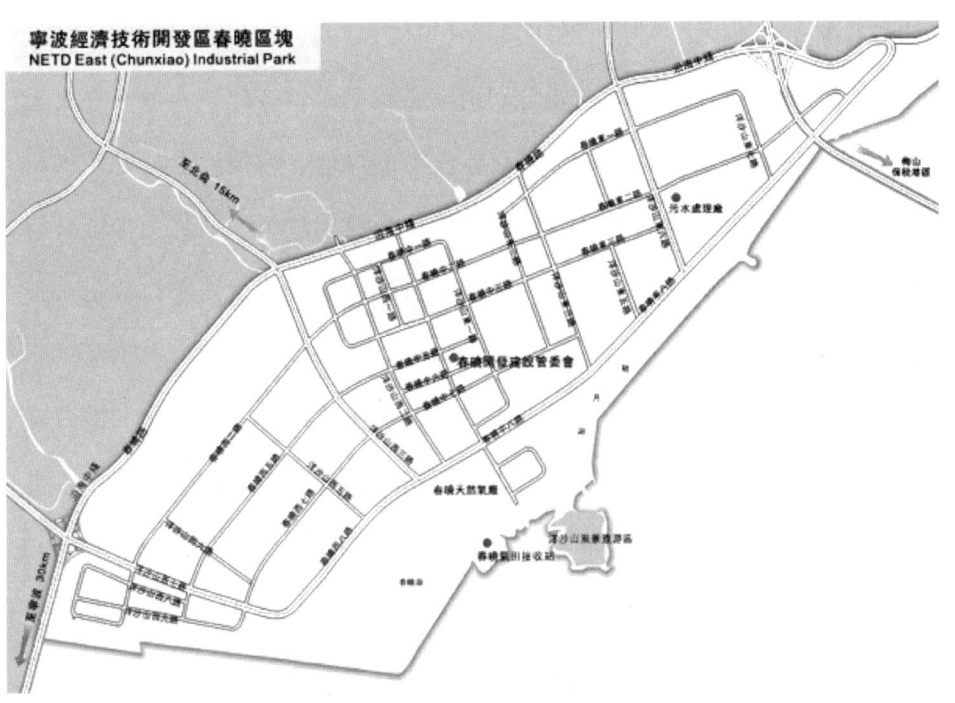

宁波经济技术开发区东块春晓区块

霞南村在城市化进程中经济不断发展。由于农地不断被征收、农业低收益,以及周边和辖区内工业、港口经济的发展,大多数村民都不再从事农业生产,有在外打工的,有自己开公司办厂的,有在村内开商店、饭店、酒店、影院、网吧和KTV等,外地人在本村和周边就业,为霞南村经济发展带来了新的动力,很多村民的房子租给他们居住,提高了村民的收入。同时,村民居住条件不断改善。村民房屋基本以农村批地建房为主,改革开放后曾经有一次新建的高潮,但也有部分村民居住在老房子中,部分村民到北仑城区和宁波其他地方购买了商品房。

霞南村集体经济得到了进一步发展。村集体经济收入来源主要为三产地租金、出租房收入及利息分红,这为村民带来了一定的收入与福利。但由于村域大型企业较多,村办企业发展受到了一定的制约,近5年来村集体经济收入始终徘徊在100万到110万之间。在集体经济收入分红这块,霞南村参照1999年二轮分田清册人员名单,按比例发放。在街道和区的领导下,霞南村努力实现集体资产的保值、增值,形成稳定的村集体经济收入来源,同时对村集体经济进行股权改革,使之更加能适应现代市场经济的需要,也能够更好保护村民的利益,现在农村股份合作社运作良好,集体经济收入与上年度相比增长5%。

霞南村成为外来人口就业居住聚集地。在城市化、工业化和港口经济发展过程中,因霞浦老城区周边有宁钢、台塑等大型企业及众多临港中小型企业,外来人口不断汇集此地。目前村里外来常住人口约2500人,其中多以企业务工的男性或全家外出务工的群体为主。他们文化程度相对较低,职业工种多以普工、操作工为主。外来人口为霞南村和北仑经济发展作出了贡献,同时自己收入水平也提高了,生活水平也得到

霞浦市场

改善,很多人将这里看作第二故乡,比较认同这里提供的就业机会、收入水平和文明程度。

霞南村红色旅游业开始兴起与发展。2017年,随着张人亚事迹的传播和党章学堂的建立,各地来参观学习的人和团队越来越多,霞南村红色旅游业开始起步发展,这为村集体经济和村域服务业发展提供新的资源与机会。为了扩大张人亚故居和张人亚党章学堂的教育功能和经济社会效应,北仑区和霞浦街道邀请中央美术学院原教授、城市设计学院原院长、现任宁波大学潘天寿艺术学院院长徐仲偶及他的团队正在设计"人亚故里 红色小镇"整体规划方案。将人亚广场、工办食堂、霞浦学校、人亚学堂、张人亚故居及霞浦老城区老屋群,串点成片规划,与"美丽庭院"建设相结合,打造红色旅游线的美丽景观。同时,启动"樵斋书屋"工程,展示捐献天一阁的部分古籍藏书以及红色文化书籍,引进咖啡屋、茶室等业态,打造红色公共文化空间。对工办食堂进行重新整修,在配套红色旅游区餐饮服务的同时,体现改革开放40年变迁的霞浦风采。开辟800平方米的党章学堂互动空间,通过专题展厅、影音视听、舞台剧轮播、党章知识训练营VR馆,用智慧技术增强党章学堂的互动性,带来红色旅游产品开发新突破。另外,将与北仑圆圆旅游公司合作,提升党章学堂接待管理水平,建立健全党章学堂的接待制度和党章学堂周边环境整洁有序的长效管理制度,使红色旅游服务提质增效。总之,红色小镇的打造将给霞南村带来更大的品牌影响力和经济

宁波北仑区首届流动人口优秀者表彰颁奖典礼

前来参观张人亚党章学堂的人们

效应。

村域及周边企业为霞南村经济发展作出了重要贡献。这些企业为霞南村提供了就业岗位和房屋出租收益，带动了霞南村各种商业与服务业的发展。其中，代表性企业有台塑企业（宁波）有限公司、宁波钢铁有限公司、宁波宝新公司、浙江吉利汽车有限公司等，它们的基本情况如下：

台塑企业宁波工业园区，2001年11月与宁波市政府签订投资协议书，建厂面积约为6000亩(406公顷)，迄今共有12个化工项目投入营运，另配套热电厂、重工厂及码头，投资总额为47.6亿美元。2017年营运收入人民币319.3亿元，较2016年营运收入242.5亿元提升31.6%。宁波台塑作为北仑临港大工业的标志性企业，不仅在北仑区石化产业中起着"压舱石"的作用，还在临港产业乃至全区工业大棋局中起着骨干、支柱作用。

　　建成配套完善的生产基地，年产石化原料超过400万吨。台塑自2001年11月与宁波市政府签订投资协议书以来，获得了快速发展。台塑宁波厂区总投资20.7亿美元的一期7个石化项目及台塑热电、码头等配套工程于2008年底悉数建成投产。该厂区从2011年下半年开始，又陆续开工建设一期后续项目。这些新建项目的建成投产，大大提升了台塑宁波工业园的产能。2017年，该厂区产能首次超过400万吨，实际产能为439万吨，其中这些新项目的产能就超过100万吨。目前该厂区已处于满负荷生产状态，为厂区配建的码头已不能适应今后发展的需要。该码头目前有2个化工泊位，该厂区计划将目前3个多用途泊位中的两个改造为化工泊

台塑企业（宁波）有限公司大门

城市化与产业发展：霞南村经济建设　第三章

台塑企业（宁波）有限公司内部

位；且已完成设计方案，正在进行相关项目前期工作。目前，该厂区已建成配套完善的生产基地，随着石化产业市场形势的好转，该厂区也将迎来快速发展的时期。

在台塑企业的理念中，节能环保永无止境。近几年来，该厂区在达标排放的基础上，推进废气、废水深度治理。2016年，投资3100万元完成自备热电厂超低排放改造，废气污染物排放达到天然气机组水平。2016年至2018年，该厂区投资6000万元，在自备热电厂3套机组的烟囱上加装热媒管式换热器，消除了烟囱冒"白雾"现象。该厂区投资3700万元新建了2套废气焚烧处理设备，进一步降低了废气污染物排放。该厂区的环保工作也获得了市环保部门的认可。厂区每年都参加市环保局组织的环保信用评价，从最近一年度（2017年）评价结果可以看到，厂区共有7家企业获评为环保诚信企业，占全市95家企业总数的7.4%，其余5家为环保良好企业。

台塑企业一贯奉行"永续经营，奉献社会"的经营理念。宁波厂区地处霞浦街道，在建厂之初，就决心在这里贯彻自身的经营理念并使之生根发芽。他们把周边九个村、一个社区当作和睦相处的好邻居，在用心做好经营管理及落实高标准环保管理措施的同时，再为乡亲邻居带来一份爱心与协助。记者注意到，自2007年开始，台塑宁波厂区每年都为霞浦九村一社区老年协会订阅30份报纸，除此之外，在春节、中秋及老人生日时，都会安排走访慰问活动，为九村、一社区70周岁以上的老人赠送生活用品，至今已坚持了10多个年头，从未中断。自2006年起，公司就确定了分十年，每年向北仑区慈善总会捐款10万元。2010年，为维护本地区青山绿水的美好环境，分十年捐赠100万元的北仑碳汇基金，2015年，积极响应地方推动"五水共治"及"农村环境卫生集中整治"，捐助50万元。2017年，又与北仑慈善总会签订环保公益基金捐助协议，分十年共捐赠100万元。台塑企业热心参与身边公益活动，2016年以来，为周边村老年活动中心、文化礼堂、爱心食堂建设捐赠11万多元，近三年内，台塑企业公益活动的资金支出已达160多万元。

台塑企业把自己作为当地社会中的一员，主动利用企业资源，支持宁波开发区、北仑区经济社会发展。2004年7月，台塑宁波生产基地的第一座15万千瓦自备发电厂建成。当时，电力供应紧张，台塑宁波生产基地的自备发电厂就把电力输往地方电网。2005年和2006年，随着台塑宁波生产基地产能的迅速提升，又分别投产了两座15万千瓦的自备发电厂，于是三座自备发电厂全力发电，大大缓解了北仑区域的用电紧张局面。

宁波钢铁有限公司（简称宁钢）是杭钢集团公司下属杭州钢铁股份有限公司的全资子公司。宁钢是一家从原料到炼铁、炼钢、连铸、热轧等工序配套齐全、生产装备水平国内领先的大型钢铁联合企业，公司依海临港，陆运海运交通便利，区位优势十分明显，是国内沿海具有先进制造能力的热轧商品卷生产基地。公司产品规模为年产热轧卷400万吨，主要产品包括碳素结构钢、低合金结构钢、汽车结构用钢、优质中高碳钢、冷成型用钢、电工钢、耐候钢等16个产品系列，100余个钢种牌号。宁钢秉持"低成本、高效率"经营策略，以提高发展质量和效益为主线，不断加强成本管控力度，不断提升精细化管理水平，不断增强企业综合竞争力，其中铁水成本和热轧卷成本始终保持在行业先进水平，产品销售利润率连续4年远高于行业平均水平。

公司重视创新发展和品牌塑造，现已通过ISO9001质量管理体系、ISO/TS16949汽车行业质量管理体系、ISO14001环境管理体系、ISO10012计量管理体系、OSHMS18001职业安全健康管理体系、国家安全生产标准化一级企业等多项认证。荣获"特种设备制造许可证""中

宁波钢铁有限公司大门与办公楼

国船级社工厂认可证书""中国实验室国家评定委员会(CNAS)"认证等。拥有国内驰名产品商标一项,多项产品获评中国钢铁工业协会产品实物质量"金杯奖"。

  宁钢在推进生产经营的同时,始终恪守"绿色经营、环境友好"的发展理念,把环保工作视为守法经营的底线、赖以生存的生命线,按照"国内领先,国际一流"的目标努力打造低碳环保、节能高效的绿色工厂。近年来,宁钢持续加强环保体系建设,提升环保管理能力,加大环保投入力度,提高环保设施运维水平,积极开展社企沟通交流,努力营造良好的发展环境。2014—2016年,宁钢率先启动第一个环保提升三年行动计划,共实施了35个环保技改项目(不含节能项目),总投资5.7亿元。与行动计划实施前相比,公司烟粉尘排放量下降45%,二氧化硫排放量下降60%,化学需氧量下降35%,氨氮排放量下降30%。污染物排放指标达到行业先进水平,满足《钢铁行业清洁生产评价指标体系》Ⅰ级基准值要求。宁钢在环境整治、环保提升方面作出的努力和取得的成效,也获得了政府及行业的认可:2014年获得中国钢铁协会"钢铁工业清洁生产环境友好企业"荣誉称号;2015年获得"北仑区生态创建先进集体"荣誉称号;2016年获得宁波市"节水先进单位"称号。

  宁波宝新不锈钢有限公司是由中国宝武钢铁集团有限公司、浙甬钢铁投资(宁波)有限公司和日本日新制钢、三井物产、阪和兴业三家株式会社于1996年3月合资组建的专业生产冷轧不锈钢板、卷和焊管的企业。投资总额71.4亿元,注册资本31.88亿元,占地面积约74万平方米,当前冷轧不锈钢薄板年设计产能达到66万吨,冷轧不锈钢焊管年设计产能1万吨。主要产品为钢种SUS300、SUS400系列,表面加工等级

2B、2D、No.1、No.3、No.4、HL、BA等，厚度0.2mm～5.0mm，宽度650mm～1320mm的冷轧不锈钢板、卷和外径19.0mm～76.0mm，厚度0.5mm～3.0mm的不锈钢焊管。产品板形精度、厚度精度控制和表面质量在国内处于领先水平，BA产品、研磨品和薄规格产品在市场上具有质量优势。产品广泛用于电梯、汽车配件、家用电器、厨具餐具、卫生洁具、医疗器械、食品机械、化工设备、电子元件、建筑装潢等。"宝新"牌冷轧不锈钢板、卷已先后被认定为"宁波市名牌产品"和"浙江名牌产品"，2004年曾被中国钢铁工业协会认定为"冶金产品实物质量达到国际同类产品实物水平"，并获"金杯奖"。公司荣获全国外商投资企业"双爱双评"先进单位、国家科技进步二等奖、全国模范职工之家、浙江省科技型重点发展品牌、"浙江名牌产品"、浙江省创建和谐劳动关系先进企业、浙江省百强企业等百余项荣誉称号。公司秉承"关

宁波宝新不锈钢有限公司图片

注用户需求,协调稳健运营,节能减排控危,制造不锈精品,实现各方共赢"的综合管理方针,努力打造最具竞争力的冷轧不锈钢制造企业。

浙江吉利汽车有限公司(以下简称吉利公司)是浙江吉利控股集团有限公司的下属子公司,公司地处宁波经济技术开发区,距东方著名深水良港北仑港仅5分钟车程,从宁波栎社国际机场乘车45分钟便可到达,沪杭甬高速近在咫尺,地理位置十分优越。

1999年8月8日,吉利公司在宁波北仑打下工厂的第一根桩基以来,在宁波各级党委政府的关心、支持和帮助下,得到了快速发展,也带动了一大批相关配套产业集群发展。目前,吉利公司在宁波已建成三大整车、动力总成制造基地:北仑基地、杭州湾基地和春晓基地,拥有年产47万辆帝豪、博瑞、博越、帝豪EV、吉利S1等系列品牌轿车,近百万台发动机和变速器(手、自动变速器)的生产能力,已发展成为中国自主品牌汽车制造基地的典型代表,也是吉利控股集团最核心的集整车、发动机、变速器研发、制造为一体的战略发展基地,同时也是宁波市重点扶持的汽车及零部件产业龙头企业。此外在宁波将建成拥有多家世界500强零部件企业入驻的高端汽车零部件产业园区,其中杭州湾零部件产业园已建成;春晓零部件产业园正在建设中。目前已落户和计划落户产业园区零部件企业包括法国佛吉亚、法国英瑞杰、韩国万都等在内的世界著名零部件企业将超过40家。

2017年,吉利汽车集团实现整车销售124.7万辆,同比增长63%,远超行业增速数倍。其中吉利公司再攀高峰,产销40.9万辆(北仑基地产销10.6万辆,杭州湾基地产销15万辆,春晓基地产销15.3万辆),产值373.5亿元,同比增长21%,纳税32.3亿元。2018年上半年吉利汽

浙江吉利汽车有限公司产品展示

车产销76.7万辆,同比增长44%。2018年上半年宁波吉利汽车产销22.3万辆,同比增长18%;营业收入达341.5亿元,同比增长8%;税收26.7亿元。

多年来,吉利一直致力于自主创新和自主研发,围绕汽车核心技术,投入巨资,取得了一系列突破性的技术创新成果,为吉利汽车的发展提供了腾飞的平台和基础。吉利通过持续性的研发投入,培养高素质的研发和技术人才队伍,确保形成世界一流的技术研发体系和技术原创能力。2017年5月,吉利发布了技术品牌iNTEC,以"人性化智驾科技"为核心,用智能驱动、智能安全、智能驾驶、智能互联、智能健康五大技术板块,打造"人·车·科技"的智慧互联关系。它将为用户的出行生活带来更智能、高效、人性的体验,推动吉利汽车在技术领域的不断演进升级。凭借在汽车技术领域的不断超越和突破,吉利已经打造了帝豪、远景、博越&博瑞、领克四大系列,以及小排量增压发动机、新能源汽车等核心技术与产品,正式全面迈入了"精品车3.0时代",并形成了高颜值、高品质和高附加值的精品特征。

在自主研发的同时，公司还十分重视工程技术人员的培养和后备人才的储备。经过十余年的发展，公司借助集团的平台，已经拥有从技校到大学再到汽车研究院的全套人才培养体系，他们构成了腾飞的人才基础。近年来，从海内外著名企业加盟吉利的博士、硕士、技术专家、管理专家几十名，在公司各个领域发挥了重要的作用，作出重大贡献。除夯实企业科研、人才基础外，吉利公司不断完善管理体系，按照国际化要求不断整合资源，实施资源最优化布局，引入国际先进的管理理念，在2005年导入国际汽车行业公认的具有权威性的质量管理标准——ISO9001，提升企业核心竞争力，不断精益求精。

吉利公司通过自身的不断努力与创新，在各级领导的支持与帮助下取得了系列荣誉，分别于2004年12月被评为全国首批工业旅游示范点；2006年被评为"浙江省绿色企业"，并荣获"全国自主创新优秀奖"，Z系列自动变速器产业化项目荣获"2006年度汽车行业科技进步一等奖"和"2007年度宁波市科技进步一等奖"；2007年通过了国家环境标志产品认证和TS16949体系建设认证，进入国家政府采购目录；2008年被评为国家级"高新技术企业"，自由舰获得"乌克兰汽车市场最新发现产品奖"称号；2009年获得宁波市市长质量奖，浙江省最佳雇主企业，"元动力"工程获得第十六届国家级企业管理现代化创新成果二等奖；连续六年进入宁波市百强企业、宁波市纳税前十强和北仑区、开发区纳税榜首；2011年进入宁波企业纳税前八强；2016年荣获中国出口质量安全示范企业、中国质量诚信企业；2017年荣获2016年度宁波市"纳税50强"企业并被授予"2017宁波市制造业百强企业（第3位）"；2018年荣

获2017年度宁波市"纳税50强"企业并被授予"2018宁波市制造业百强企业（第2位）"；等等。

自2000年5月17日第一辆吉利轿车在宁波北仑下线以来，已有100余万辆经济实惠、性能稳定、驾驶安全的美日、优利欧、自由舰、远景、帝豪、吉利S1等系列轿车走进千家万户，圆了中国普通老百姓的轿车梦，并走出国门，其中2017年北仑基地和杭州湾基地生产的新帝豪累计销量26万辆，同比增长9.7%，稳居中国品牌同级车型销量桂冠。博瑞、博越、新帝豪、吉利S1等吉利3.0精品车型成为细分市场的领军者和标杆，创造了业界瞩目的吉利速度与热度。在俄罗斯、乌克兰建立CKD/SKD工厂，出口南非、埃及、叙利亚、俄罗斯、乌克兰、委内瑞拉等五十多个国家和地区，创造了中国汽车工业史上一个辉煌的奇迹。

吉利公司积极履行社会责任，大力支持社会力量办学，努力践行产学研结合，技师、技工培养，积极投身慈善事业。2016年启动"吉时雨"精准扶贫项目，在吉利集团党委的直接领导下，不断探索，大胆实践有中国特色的社会公益事业，正在全国十多个地市精准帮扶超过12000个贫困家庭。

吉利公司将继续发扬"敬业、创新、沟通、拼搏"的企业精神，持续进行技术创新和管理创新，以先进的技术、优质的产品和细微的服务，积极参与国际竞争与合作，为中国汽车工业自主品牌的崛起，为实现"造最安全、最环保、最节能的好车，让吉利汽车走遍全世界"的美好理想而拼搏奋斗。

总之，改革开放以来，霞南村随着所在区域城市化、工业化的推进，以及一大批企业落户投产和港口经济的发展，村集体经济、旅游经济、种植业和工商业得到长足的发展，村民就业充分，人均收入从2000年的5000元提高到今天的3万元，生活水平逐年提高，住房比较宽裕。因此，总体在经济收入、住房保障和基本公共服务方面达到了党的十八大提出的城镇和农村全面小康标准。随着宁波进一步融入长三角大湾区建设、推进"中国制造2025"试点建设、实施名城名都建设和积极参与"一带一路"建设，霞南村经济社会发展将在新时代面临更优越的发展机遇和更有利的发展条件，也必将取得更大的发展成绩。

第四章

包容性治理与服务：

霞南村社会建设

党的十九大提出的乡村振兴战略要求实现乡村生活富裕，这一要求的实现不仅要以产业兴旺和经济发展作为支撑，还要通过社会建设与治理来保障，为村民和外来人口提供与城乡一体化的社会保障和公共服务。宁波市积极推进城乡融合式发展和包容性治理，城乡社会保障和公共服务一体化发展推进较早，城乡间的差距在不断缩小；宁波是长三角地区外来人口创业就业的重要集聚地之一，外来人口与本地居民社会保障与公共服务一体化发展探索也比较早，并取得了实实在在的成效。位于宁波主城区和北仑城区城郊的霞南村，其社会建设也同样表现出了上述两个方面的特征。

一、村民公共服务与社会保障不断与城镇接轨

教育是百年大计，是国家之大计，党之大计，也是一个地方、家庭和个体发展的大计。尤其是农村地区，教育服务有保障，缩小城乡发展差距，全面建成小康社会，实现现代化才有可持续的保障。霞南村在教育方面由于靠近街道中心位置，因而有比较好的保障条件。离村不到500米就有霞浦中心幼儿园、霞浦小学、大胡小学和霞浦中学，这些学校办学水平与城镇的学校虽有差距，但办学物质条件、师资水平与城镇的学校基本相当，霞南村的孩子在家门口就能接受比较优质的教育。这些年来，该村很少有儿童与少年失学、辍学的情况。其中霞浦小学1926年就由乡贤建成，1981年建成新教学楼，1993年侨胞捐建兆庆教学楼，2003年建成新教学楼。

1981年落成的霞浦小学教学楼

在社会保障方面。宁波市在20世纪90年代开始了农村社会保障制度建设，目前已经形成了农村养老保险、被征地人员养老保险、新型农村合作医疗保险、农村最低生活保障为主要内容的农村社会保障体系框架。在宁波，包括霞南村在内的所有农村形成了与城市接轨的社会保障体系，为日后宁波城乡社会保障水平逐步接近提供了一定的基础。

在医疗卫生服务方面。霞南村居民在街道、区和市三级医疗卫生机构得到相关服务。霞浦街道卫生服务中心离霞南村不到500米的路程，居

2003年新落成的霞浦小学教学楼

民十分方便来该中心就医。

在文体设施与环境方面。霞浦街道建有文化广场，在一些公共场所设置了文化体育设施，进行了必要的绿化与装饰，并聘请专人负责公共场所、厕所的卫生工作。霞南村还新建了文化礼堂，为居民提供了一个从事文化娱乐活动的场所。

另外，霞南村因地制宜，节约办公用房，专门为老年人建设活动中心，使老年人有一起相聚、活动的空间。因此，霞浦街道和霞南村虽然各种办公用房和民居比较老旧，但文体活动空间还是比较齐备，小区环境卫生也比较整洁。

霞浦街道社区卫生服务中心

霞南村文化礼堂

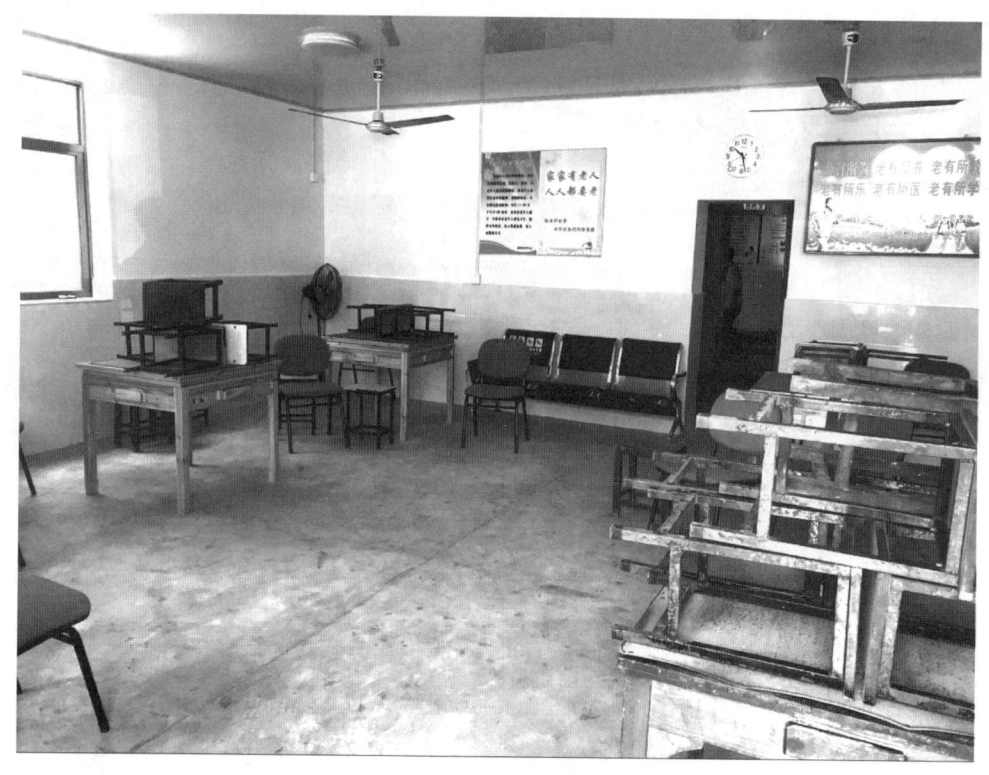

霞南村老年活动中心

霞浦街道还有专门负责促进就业工作的机构，及时收集和提供各种就业信息，举办企业人力资源招聘活动，并组织劳动力培训，有力促进了街道范围内（包括霞南村）居民的就业。街道还有对贫困家庭进行帮扶的机制，并对接各种志愿组织参与贫困治理。目前，霞南村持有残疾证的有55人，因病因残等致困人员80余人。目前，霞南村五保户一人，低保户2家。审批通过的享受残疾人基本保障的5人。纳入低保边缘户家庭的7户。另外，通过医疗救助、慈善救助、善报桑榆慈善助老、年底困难户慰问、民政临时救助等多口子关注贫困弱势群体生活、健康情况。

因此，在城市化进程中，霞南村在社会保障与公共服务方面不断与城镇接轨，传统农民逐步享受到了市民的待遇。而且，宁波已于2016年9月30日在全市范围内取消"农业""非农业"户口性质区分，统一登记为居民户口。这标志着宁波市结束了城乡二元制户籍，正式迈入城乡户口一元制的新时代。这将要求进一步加快城乡公共服务和社会保障一体化进程，从而推进义务教育、就业服务、社会保障、基本医疗和公共卫生、公共文化、环境保护等城镇基本公共服务覆盖全部常住人口。

二、流动人口公共服务与社会保障不断加强

霞南村外来常住人口约2500人。因霞浦老城区周边有宁钢、台塑等大型企业及众多临港中小型企业，外来人口多以企业务工的男性或全家外出务工的群体为主。文化程度相对较低，职业工种多以普工、操作工为主。

2007年11月《宁波市外来务工人员社会保险暂行办法》出台，为外来务工人员提供了一种低费率、广覆盖、可转移的"社保套餐"，包括工伤保险、大病医疗保险、养老保险、失业保险和生育保险，而且保险费由用人单位缴纳，个人不需要缴费。霞南村的很多外来常住人口就参加了这套社会保险。而且，随后宁波市又根据国家的政策要求和本地实际不断完善这项社会保险制度和企业的社会保障制度。

2017年1月26日，宁波开始实行新型居住证制度，依据该制度流动人口在本市行政区域范围内连续居住并在居住地申报居住登记半年以上，符合有合法稳定就业、合法稳定住所、连续就读条件之一，依法申领《浙江省居住证》，居住地公安机关应当依据相关规定予以办理。

浙江省居住证

这一制度的实施，使得居住地应当按规定为《浙江省居住证》持有人提供下列基本公共服务：义务教育基本公共就业服务、基本公共卫生服务和计划生育服务、公共文化体育服务、法律援助和其他法律服务，以及国家和省、市人民政府规定的其他基本公共服务。居住地或市级有关部门应当按规定为持证人提供下列便利：办理出入境证件；换领、补领居民身份证；机动车登记；申领机动车驾驶证；报名参加职业资格考试、申请授予职业资格；办理生育服务登记和其他计划生育证明材料；国家和省、市人民政府规定的其他便利。并通过积分制供给公共服务和便利，即各地各部门应当创造条件，逐步扩大为持证人提供公共服务和便利的范围。同时，根据本地公共服务资源的供给能力，建立健全与积分量化评价相挂钩的公共服务和便利供给机制，持证人可自愿向居住地申请积分制公共服务。这一新制度的实行让很多霞南村的外来常住人口受益。

"e乡北仑"进台塑企业宣传流动人口子女积分入学政策

三、街道为辖区和霞南村提供区域化管理与服务

除了省、市和区三级在制度与政策层面，推进霞南村与城镇之间、本地人和外来人口之间的公共服务与社会保障不断接轨以外，街道层面也不断为辖区居民提供一体化治理与公共服务。街道在所辖区域积极贯彻落实党和国家的方针、政策和法律、法规，认真落实"网格化管理、组团式服务"工作措施，加强服务管理团队组织建设，加强辖区内网格管理员日常工作的考核、监督、指导等工作，动员广大人民群众和社会各方力量积极参与区域服务与区域管理，为群众提供优质、便捷的生活生产服务。

霞浦街道网格化管理工作会议

安全管理与服务。街道全面落实综合治理工作目标管理责任制，掌握并分析本辖区内社会治安形势和区域管理动态，及时向上级反馈信息，组织协调各有关部门和单位共同解决辖区内治安问题和区域管理服务问题，切实维护基层社会政治和治安稳定。加强治保会、调解会、巡防队伍、群防群治队伍建设，建立健全工作机制，积极开展禁毒、消防、治安和邪教问题防范教育，加强特殊人群服务管理。定期开展治安问题和矛盾纠纷排查，落实防范工作措施，及时化解矛盾纠纷。对辖区内的企业、商铺及居住房屋进行统一登记录入，定期开展消防安全生产隐患排查；对辖区内的重点人员通过省级综合治理安全平台及相关台账进行登记并管控，以村、社区为单位，定期开展组织谈话；辖区内每季度开展禁毒禁赌反邪教相关活动，主要包括宣传资料上墙、张贴横幅、发放宣传单及专题活动；定期在节假日前，特别是清明、国庆、春节前开展治安义务巡防，做好治安预防工作。这些措施有效保障了霞南村居民、企业、经营单位和其他机构的安全。

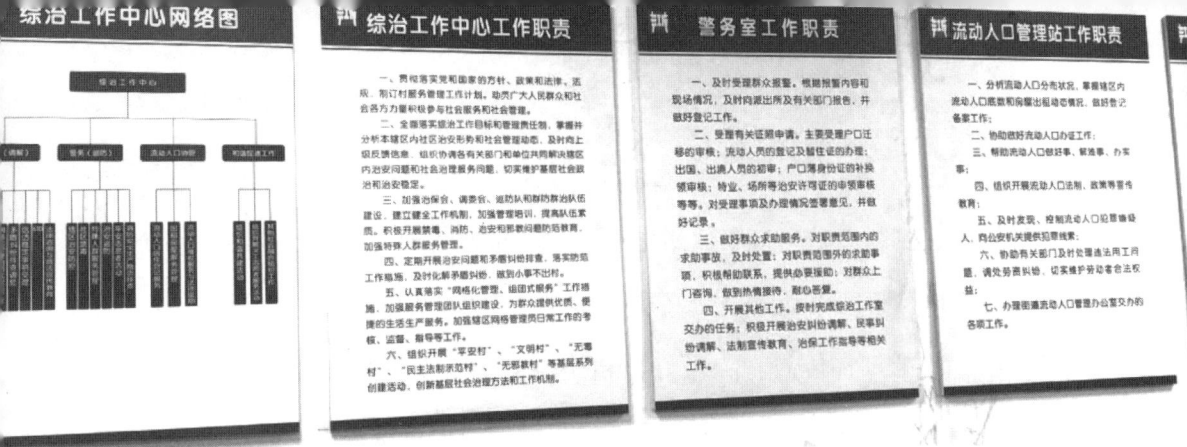

霞南村综治、警务与流动人口管理职责图

维护社会和谐稳定。每个村、社配备一名法律顾问，由街道出资，主要负责法律咨询及相关的普法知识宣传教育；以台账及综治平台为载体，以村、社为单位，每月做好矛盾纠纷排查及调解工作。一是有效控制信访事件的发生；二是对辖区信访事件做好第一时间预判；三是做好区域化网格管理工作。街道成立综合治理指挥中心，以村、社区为单位，下设一个及多个网格，每个网格内包含1名网格长，多名网格员，对网格内发生的各项大小事件，按处置权限与能力不同，分网格一级、村社一级、街道一级、区一级及市一级五个等级，逐级上报、派发及消化办理。通过网格内建立微信群、QQ群等形式，有效便捷传递信息，以手机平台形式迅速上报，及时处理。近年来，街道辖区和霞南村各种社会矛盾、邻里纠纷能及时得到解决，没有引发大规模群体性事件与信访问题，信访数量逐年下降，实现了辖区与霞南村的和谐稳定。

流动人口管理与服务。霞浦老城区周边多企业，包括台塑、宁钢等大型企业及周边众多的临港中小型企业，外来流动人口2万余人，霞南村外来流动人口也有4000多人。街道设有流动人口管理服务机构，定期分析流动人口分布状况，掌握辖区内流动人口底数和房屋出租动态情况，做好流动人口居住登记服务工作，协助做好流动人口其他办证事宜，及时发现、控制流动人口犯罪嫌疑人；定点做好流动人口维权服务与法律援助工作，帮助流动人口做好事、办难事、办实事，组织开展流动人口法制、政策等宣传教育；做好出租房屋管理安全工作，由辖区9村1社区做好第一步初审工作，由街道下设出租方登记点做具体审核及相关资料收集，最后由派出所相关民警入户对出租房屋就安全层面做进一步验收，包括灭火器配备、消防通道预留、是否存在群租、线路是否乱搭乱接，等等。霞南村积极落实街道的要求，配合街道对村内外来流动人口和出租屋进行了有效管理与服务。

霞南村出租房屋二维码管理

北仑融合性社会组织负责人培训会议

发挥社区共建理事会的作用。新浦社区地处霞浦街道老城区，是北仑区最早的城市社区之一，辖区共有9个行政村、5家临港大企业、130余家企事业单位，常住人口8千余人，流动人口2万余人。随着区域化进程的不断推进，形成了以新浦社区联合党委为核心，工、青、妇、科等群团组织为依托，临港大企业、企事业单位、党员群众共同参与的"大党建、大服务、大治理"新格局。为了服务管理好近2万的流动人口，社区结合区域特色，成立了新浦社区和谐共建理事会，该组织是由社区联合党委牵头，临港大企业、辖区企事业单位等依照"社建共商、优势互补、资源共享、社企联动、共同发展"的原则，自愿结合组成的议事和协调机构，理事成员包括社区干部、区域内各单位代表、网格长及其他网格工作人员等。

社区共建理事会旨在积极调动和组织区域内各类群团组织积极投身于社区建设和管理，特别在服务外来人口方面，形成了自己的特色，如：配备专人为临港企业职工办理公租房申请，帮助外地员工申请到廉价又好的公寓，协助企业留住人才，解决后顾之忧；开设一站式房屋出租登记和流动人口登记服务，使初来乍到的流动人口体验家门口中"最多跑一次"的便利，同时以打造融合性教育平台为抓手，通过小手牵大手为手段，提升区域流动人员家庭整体素质，促进社区和谐。社区与区知联会、霞浦中小学、文化站、成人学校、卫生院等多家共建单位联动，搭建了"双休日学校""假日学校""家长学校"等多个教学平台，让外地家长和本地家长坐到了一起，让流动儿童和本地孩子学在了一块。从道德教育抓起，讲历史、学美德、讲传统、学技艺、讲安全、学法制。以"同心文化服务基地""美好生活俱乐部""城乡少年教育基地"等为实践基地，开展内容丰富、形式多样的教学活动，调动大家参与学习的热情。针对流动儿童卫生习惯较差、安全意识薄弱的现状，开展"卫生小卫士"评选，启动"天使筑巢"关爱流动青少年项目，以"离校不离教、放假不放任"为根本，积极为辖区青少年特别是外来流动青少年提供德育、法制、安全教育，及课业辅导、乡土风情融入等服务，不断提高青少年的综合素质，培养青少年良好的文明习惯，让青少年树立正确的人生观，让每一朵花都美丽绽放。霞南村的居民积极参与社区共建理事会的活动，在各方面也相应获得了实实在在的服务，从而提升了霞南村的治理与公共服务水平。

综上所述，霞南村在经济发展过程中，社会事业也在不断进步，村民与城镇居民在就业、医疗卫生、养老、子女教育、文体活动设施等方面正在逐渐并轨并向同等待遇方向发展，外来流动人口在这些方面也开始与本地居民实现一体化保障。同时，霞南村虽然流动人口和周边单位多，社情比较复杂，但通过各级政府、村两委、志愿组织和所有居民的共同努力，社会治安形势不断好转，社会秩序比较和谐稳定，社会文明程度不断提升。

第五章
守正、传承与创新：
霞南村文化建设

守正、传承与创新：霞南村文化建设  第五章

文化自信是更深层次的自信，文化需求是人更高层次的需求，文化凝聚力是更深厚的凝聚力。一个国家、一个地域性社会、一个组织、一个村落皆是一种文化共同体。华夏文明渊远流长，中国素称"礼仪之邦"，文化建设与传承历来受到大多数国家治理者和社会民众的高度重视。乡村振兴很重要的标志是乡村文化振兴，是乡风文明。霞南村地处东海之滨以"港通天下、书藏古今"闻名的历史文化名城宁波，其文化形成与绵延既是华夏正统文化润泽、浙东文化和宁波地域文化形塑、外来文化融合、红色革命文化传承的结果，也是北仑人民不断进行文化融合创新的结果。

一、守华夏文化正统，形成独具地域特色的传统文化

霞南村的文化总体上是华夏正统文化和浙江地域文化在宁波和北仑传播和践习的结果，并形成了有地方特色的农耕文化、伦理文化、生活习俗、宗教祭祀文化。最初的文化生长大多是部落时代先民在一些地方生产生活的结果，因而具有鲜明的地域特征。王朝统治时代，由于政治、经济、战争等原因，王朝的主导文化和地域文化开始向其他地方扩散传播，使得各地文化中的共同性内容得以扎根生长。北仑和霞南村文化的形成也经历了这样一种历史过程。

北仑地处东海之滨，先人们以农樵渔盐为生，茅房石屋而居，传统的风俗与河姆渡文化有着密切的联系，留有新石器时代某些风俗文化的遗迹。随着社会的发展和生产水平的提高，原始的习俗逐步改变、演进。北宋以来，中原人民为避战乱大量向南方移民；南宋在杭州建都以后，中原礼俗进一步融入本地。这就使北仑和霞南村的文化风俗绝大部

分与全省各地相一致。至明清两代，北仑地域扩大（陆岸外移）、人口增多，诸多风俗基本定型，形成传统。所以说，北仑的传统文化是我国古代人民物质文化、生产活动的产物，是古越文化与中原文化相结合的一部分。

北仑沙溪新石器时代晚期文化遗址

霞南村胡姓为起源于西周初年公元前1100年帝舜的后人，胡公满因受封于陈国（今河南淮阳市一带），所以那里的胡姓人士随国君而姓，而后迁往各地。其中有一人跟随吴越国王钱某来到浙江，当上了越国的兵部尚书（管理国防事务的长官），后因年老辞职，在奉化簰溪大胡（也称排溪）定居。宋时，始祖月三公又从该地迁到今霞浦，及其后世一直在此生息繁衍。霞浦张氏祖先来自安徽和县乌江，开基始祖立恩公为避战乱于南宋景定初年从奉化落籍鄞山之东乌石岙（今大碶邬隘），后其子张轨、张辙兄弟迁移至滨海蛮荒之地——霞浦下浦，经历代祖先辛勤耕耘，终将霞浦开发成粮阜物丰的膏腴之地。可见，胡姓不仅为霞南村带来了中原文化,而且还带来了王朝及贵族家族的文化;张姓则带来了安徽的地方文化。霞南村的文化是中原文化、吴越文化在北仑地域传承的产物。

霞南村胡姓家族重修族谱

农耕生产文化。霞南村和北仑其他地方的人民历来以勤劳勇敢、俭朴淳厚著称,诸多习俗反映了在一定历史条件下人们祈求丰收和平安,向往祥和与欢乐的朴素愿望和最基本的生存要求。例如"燂火龙",其作用是杀伤越冬病虫害;娘娘宫里立有福建人称为"妈祖"的神像,北仑和霞南村村民用于祀奉的海神天后,以求她保佑村民航运和海洋捕鱼平安顺利。再如敬牛:清明是牛"放青"之日,可以随意到任何一家人的田里吃紫云英、苜蓿,主人家决不埋怨干涉。立夏,视为牛的生日,让牛休息并沐浴,而后灌黄酒、喂鸡蛋。春耕前喂棉籽饼,给牛

"长补"。年三十祭祀牛神。孵秧子：清明前后"秧子落缸"，秧子上放一张红纸，压一把镰刀，称"催芽"。秧子播下后，在竹竿上端缚一张灵峰戒牒，插于田角，祈求不烂秧。插秧：第一天插秧，称为"开秧门"。备好饭菜酒肉聚餐，下田的人要吃一个鸡蛋，讨个"彩头"。拔秧先用缚秧苗的稻草在秧叶上横扫几下，以防"发秧疯"。祭田公田婆：秧子谷播下田之前，点香焚纸，站于田塍上朝田畈作揖行礼。"开秧门"前，摆供品及肉类于田塍，燃香祈祷，祈求秧苗快长。夏至日，供酒肉饭菜于田头，并燃烧麦秆、念祈语。开镰之前，置丰盛祭品，摘

民间祭田公田婆活动

守正、传承与创新：霞南村文化建设

谷穗于供品之上，以报答田公田婆之恩。

北仑地区还有流传至今的农事谚语十八句：

田里咣本，任侬烂泥磨粉。

生意人靠货，种田人靠屙。

人补桂圆枣子，田补苣花草子。

河泥壅早稻，莫话向人家道。

吃过谷雨饭，晴雨要上畈。

小满要满，芒种要管。

芒种芒种，样样要种。

养儿须好娘，种田须好秧。

早稻浮面插，晚稻笃落夹。

谷雨种棉花，要多三根叉。

大麦浇芽，菜籽浇花。

六月种芝麻，脑头开朵花。

砖头靠泥坯，番薯靠把灰。

量体裁衣，看苗施肥。

养了三年蚀本猪，稻大勿笃知。

三分种，七分管。

人误田一季，田误人一年。

烂泥恶做恶，燥了会脱壳。

另外，周围村庄还有举办敬神、青苗会、水龙会活动的习惯，这些活动吸引了霞南村村民前来观看。清末民初，霞浦人在芦江河边盖了座扬亭庙，内设东海龙王和阜安王张青孝子两尊菩萨，后因香火旺盛，香

浙江民间的水龙会

金积余，小庙扩展为"龙王殿"和"阜安王殿"两座大殿，并增设大戏台和一左一右两个看台，由有名望的儒绅做持首。每到五月端午，为求个风调雨顺的好年景，百姓就要在庙宇举行一次小会，四年则举行一次大会，称"青苗会"。举办大庙会时，大小村庄都建了行会班子，汇聚响应。殿内人头攒动，香烟缭绕。全猪全羊请过菩萨后，由八面对锣和帅旗开道，两尊菩萨坐于两顶八人大轿之中，鼓阁、抬阁、狮子、白象、高跷等队伍伴随着悠扬的民间乐曲缓缓前行，游向各个村落。胜利村的救火水龙会系民间自发组织，由张惠如（1925年生）老人牵头负责。设备有木水龙、水桶、扁担、帆布水管、汽油灯等。木水龙为木制椭圆形大桶，内装有双鲫铜筒水泵，上连长木杠杆，旁接水管龙头，使用时将河里提来的水倒入大木桶内，由八人分为两组互相一上一下掀压长木杠杆，水即从水管龙头中喷射而出。因为用人力掀压十分吃力，救火时都由一二十个青壮年分成数组轮流操作。而这些活动寄托了村民们

守正、传承与创新：霞南村文化建设  第五章

希望风调雨顺和平平安安的愿望。

海洋经济文化。霞南村属于临海的北仑区，海洋地理环境、海洋气候和海洋经济塑造了北仑文化，成为霞南村文化的底色。北仑区和霞南村历代民众要不断适应海洋气候与环境，在陆地从事农业生产劳动，还要利用海洋，参与海上运输业、渔业、盐业、贸易业，与海洋经济相关的制造业和各种服务业，这些海洋经济活动成为北仑海洋文化形成的重要基础，并一直延续与发展。

近些年来，北仑加强了海洋文化建设的力度，不仅建立了中国港口博物馆，而且支持各地建立10多个小型博物馆，对北仑传统民俗、海洋

北仑梅山盐场旧址

北仑建立的中国港口博物馆

文化进行收集整理并进行展示。

传统婚嫁文化。在霞南村，一般人家都要提早半年开始准备婚嫁事宜。要择吉日摆订婚酒，由女方和男方分别摆，一般同一天，女方中午，男方晚上。这天上午，准新郎和其兄弟要挑着"送担"（一般为一担老酒、一担麻饼和喜糖、一担包头和一担油包）送到女方家。女方摆过发送酒，准新娘要跟着男方的人到男方家吃"发送酒"。当然，准新娘去男方家也不能空着手，要回"豆胖"（即米胖、年糕干胖、炒花生、松花黄豆、炒倭豆等）、24个子孙饼、部分喜糖和一担青团。到了男方家，吃发送酒时，准新娘还能收到男方长辈准备的见面礼金。订婚酒后，亲朋好友就会收到新人的喜饼喜糖。除了喜饼喜糖外，男方还要将女方回的"豆胖"发给同族人和邻舍隔壁。婚前，男方要布置婚房、准备结婚的各种家具、喜宴、彩礼等，女方也要准备嫁妆，包括被子、衣物等。

守正、传承与创新：霞南村文化建设

第五章

用装着绒香的火熜熏随嫁绸子被

男方在婚礼前还要给丈母娘家送食物，沐浴，请菩萨，婚礼一般要持续2天。另外，新娘出嫁前要吃上轿饭，上下轿都有很多讲究。男方家在新娘下车的位置放了三四个麻袋铺在地上，让新娘脚踩着麻袋走到拜堂的厅堂。麻袋也不是铺到头，有人把新娘踩过的麻袋迅速传递到前面让她继续踩着前进，直到走进拜堂的地方。这种习俗叫"传袋（传代）"，"袋"与"代"谐音，取代代相传、传宗接代之意。新娘和送亲队伍到了新郎家，新郎的亲朋也会"拦轿门"。新娘被敲出糖后，大门打开，新娘才能进门进行拜堂仪式。拜堂仪式一般由村里或族里有威望的长辈主持。在拜完天地、父母长辈和夫妻对拜后，伴郎将两盏花烛送入新房。随后，新人就要开始宴请亲朋好友了。

结婚中的"传袋"仪式

喜宴后,新娘还要给公公婆婆和男方的长辈倒茶。茶可以是红糖水、白糖水,也可以是泡奶粉、麦片,如今还有不少地方直接冲泡"香飘飘奶茶"。不管新娘倒的是什么茶,这茶都不能白喝,长辈们要拿出茶钿给新娘子。倒完茶,新娘子还要进行婚礼仪式的最后一个仪式,出厨。新娘在喜宴厨工的帮助下,手握菜刀,对着鸡鸭鱼肉斩,每斩一刀,嘴中都要念念有词:种稻有谷、生出儿子考大学、夫妻要和睦、跟着老公吃鱼吃肉、孝敬公婆是享福等诸如此类的吉祥话,出厨预示着新娘在以后的家里会成为一位贤妻良母。至此,传统婚礼仪式才算完成。

守正、传承与创新：霞南村文化建设

传统节日风俗。传统节日风俗既是传统文化的重要组成部分，也是传承传统文化的有效形式。几千年来，我国形成了基本与原始信仰、祭祀神灵与祖先、天文历法、物候节气等人文与自然文化内容有关的传统节日，主要有春节（正月初一）、元宵节（正月十五）、龙抬头（二月初二）、上巳节（农历三月初三）、清明节（阳历4月5日前后）、端午节（农历五月初五）、七夕节（农历七月初七）、七月半（农历七月十四/十五）、中秋节（农历八月十五）、重阳节（农历九月九）、冬至节（阳历12月21—23日）、岁除（年尾最后一天）等。这些节日的风俗各地虽然有一定的差异性，但是各地节日中的核心内容都大同小异。霞南村一代代居民就是在这一个个节日中充实他们生活的物质与精神内

打年糕迎春节

容，并将传统文化一代代向下传递。

宗教祭祀文化。宁波地区佛教昌盛，寺庙众多，霞南村附近就有天童寺、阿育王寺，再远一点有溪口雪窦寺、舟山普济寺等。与大多数中国人的宗教信仰相似，霞南村居民主要的宗教信仰是佛教。虽然信仰佛教的村民对卷帙浩繁的佛经并没有涉猎多少，也没有深度参与寺庙佛教活动，但他们能够记住佛教劝善止恶的基本要求，对自己行为举止有所约束。他们也经常祈求菩萨能够保佑家人平安发达和消灾免祸。也有部分居民信仰道教和其他圣人，如孔子、关公等，其实大多数村民对自己信仰类型的认知是模糊的，是将佛教、道教和其他神的信仰混杂在一起的。近年来，基督教在中国传播较快，宁波地区作为与西方文化接触的前哨，受基督教传播与影响更是明显，很多地方都建立了教堂，霞南村也有居民开始接受基督教信仰，参与基督教堂组织的一些活动。

天童寺

守正、传承与创新：霞南村文化建设  第五章

霞南村居民传承最持久的传统文化之一是祭祀文化。人类在生命繁衍的长河中发展，每一个人都来自一个家庭、一种血脉、一种亲情，大多数人都享受过父母、祖父母、外祖父母和其他长辈的关爱、养育和教诲，对逝去的祖先和亲人充满思念和感恩，也希望他们能够保佑家人平安吉祥、家族兴旺发达，于是对祖先和逝去亲人的祭祀节日、传统便代代相传。在霞南村，每逢重要节日和喜庆活动，村民首先要祭祀亲人。清明节要扫墓、七月半要烧纸钱、大年前要到墓前祭扫、小年要接祖人进屋过年、除夕整晚要点神灯和蜡烛，焚香燃纸钱摆供品祭奠先祖和逝去的亲人。村里每个大姓还保有族谱，每年四面八方的同族人聚集一起祭祀共同的祖先。祭祀传统让每一个村民知道自己从哪里来，对同族人

祠堂古台戏一角

起凝聚作用,平时产生的一些小矛盾在家族或宗族祭祀时也能得到化解,而且祭祀过程及其文化也对每一个人传达了家族的文化传统与伦理要求,让每一个人在现世中保持一份敬畏,不能做对不起祖宗的事,所以它发挥着一种道德教化和维护社会伦理秩序的作用。

族规家风建设。与祭祀文化相关联的是家规家风建设与传承。家规可以在一代人手上立起来,但要传递下去就必须沉淀为家风,而家风要靠几代人的努力才能形成与传承。霞南村胡姓和张姓的先祖都是在宋朝时来到此地定居的,历史渊源流长,而且胡姓有贵族文化和王朝文化的背景。两大姓家族重视族规家风建设与传承,现在留下有张氏祖训、胡氏宗规与祖训,它们影响着一代代张姓和胡姓家族后人的生活、事业与品行,成为霞南村深厚的文化底蕴,塑造了霞南村的村风民风。

张人亚衣冠冢

张氏祖训

笃忠敬言，急公守法。完粮息讼，营生业言。

士农工商，各执其业。继承祖德，忠效国家。

勤为职业，孝敬父母。雍和兄弟，友睦族邻。

慎结婚姻，训教子女。崇尚节俭，禁戒非为。

胡氏宗规与祖训

崇祀以敦孝思；睦邻以念同宗；孝悌以肃家风；耕读以务本业；赈济以活贫穷。

择配以选良家；勤俭以保家计；礼让以息争端；养性勿嗜狂药；谨言以慎枢机。

子孙须恂恂孝悌为先和睦为本，凡族内有患难疾苦必会议往视，勿得袖手旁观，秦越相见。

子孙务宜耕读为本，或商贾为事，不许甘为卑贱，以污光声。

子孙当思祖先皆以文翰相承，子孙当以法守相念勿许恃强吞弱，毋得好讼干刑自贻伊戚。

子孙婚娶者须择良家素，训者方可聘娶，勿图小利有妨大义，凡养女出配者亦如择妇之心择婿。

子孙须恭敬尽礼见尊长，坐必起，行则序，应时必称其名，母以尔我，女妇并同。

子孙当以岁首之时必往各尊长拜贺新禧以敦族谊，否则与陌路人何异。

二、学习历史缅怀先烈，传承红色革命文化

革命是新国家新社会建立的基础与手段，中国共产党领导中国人民

在革命过程中形成了宝贵的革命精神,成为中国文化的重要组成部分,成为革命年代、建设时代和改革开放时代培育几代人的精神食粮,也将继续在新时代传承、传播和滋养中国人的精神世界。新中国成立后,霞南村居民很多通过学校教育、影视、广播、文学作品、宣传队等受过革命传统教育,而且,霞南村革命历程和革命先烈事迹更是深深影响着他们的精神品质。

学习弘扬张人亚精神。张人亚是霞南村的骄傲,但由于各种原因其革命事迹曾在很长的一段时期被历史的尘埃所埋没,经过后人挖掘和政府初步整理,才开始从历史中浮现出来;习近平总书记在中共一大会址关切询问张人亚的下落后,他的革命事迹和家庭成员一同保护革命资料的事迹才开始在中央电视台等众多媒体宣传,宁波各级政府组织力量深入挖掘红色资源,加快了对张人亚故居、墓地、留下的革命文物的保护

张人亚故居展厅

和利用,广泛开展史料考证,着力加强人物宣传,对张人亚及其家人身上体现的"信仰、忠诚、牺牲、担当"精神进行了提炼和大力弘扬。

如今,在霞南村已经建成张人亚党章学堂、故居、衣冠冢、人亚路、东山路、张人亚公园等三点两线的红色基地,霞浦街道将邀请专业团队打造"人亚故里·红色小镇"整体规划方案,将人亚广场、工办食堂、霞浦学校、人亚学堂、张人亚故居及霞浦老城区老屋群,串点成片打造,使霞南村成为传播张人亚精神的红色小镇。

在加强红色小镇硬件建设的同时,霞浦街道还将加大投入围绕张人亚精神传播推进红色教育品牌建设。霞浦街道将积极对接上级有关部门,广泛开展党章学堂各项创评工作,申报省级爱国主义教育基地、全国文物保护单位、青少年教育实践基地、青少年思想道德教育基地、市级巾帼文明岗、市级青年文明号、市级清廉教育基地、全国党章党规教

张人亚红色品牌工作总结表彰大会

育点等,争创省委党校教育点、党员干部教育基地,使红色小镇成为全省、全市红色教育、红色旅游精品点。

另外,北仑区通过新闻、广播剧、话剧和影视等不同形式宣传,使张人亚红色精神影响日益扩展。推出"寻访张人亚""迎党章回家""年轻党员重走先驱路"等专题宣传,在浙江、上海、江西三地产生广泛影响。快板《赤胆忠心张人亚》、连续报道《不忘初心——寻找张人亚》、话剧《守护》等推出后,引起基层党员群众的强烈共鸣和广泛赞誉。2018年12月27日晚,霞浦会堂座无虚席,大型红色题材话剧《守护》来到张人亚的故乡霞浦,首次与家乡人民见面。《守护》试演两个月来,演出已达12场次,广西出资35万元邀请参加自治区成立60周年活动,中国话剧协会主席蔺永钧邀请参加2019年全国优秀话剧展演。

张人亚家乡民众观看话剧《守护》

守正、传承与创新：霞南村文化建设  第五章

广播剧《守护者》多次在中央人民广播电台、宁波广播电台、北仑广播电台播出，并得到王沪宁、黄坤明等中央领导的批示；广播访谈《党章守护人张人亚》获中国新闻奖二等奖。张人亚的事迹与精神成为霞南村红色文化的核心，并且走出北仑，走向全国。

宁波市委和组织部领导到党章学堂来瞻仰革命先辈，并对红色基地建设多次作出批示。2017年以来数以万计的省内外干部群众来这里瞻仰、参观、学习和举行党日活动，张人亚精神已经深深影响着霞南村的居民，以张人亚事迹与精神为核心的红色革命文化已经成为霞南村最亮丽最深厚的文化构成。

张人亚公园中的张人亚铜像

勿忘国耻，传承抗日精神。对所有霞南村居民而言，最难忘的是日本对中国的侵略，日寇在霞浦纵火杀人等累累暴行造成的伤害。1941年

4月19日凌晨1时许,日军第五师团第九旅及海军陆战队一部在黄瓦跟、金鸡山登陆;拂晓又从后海塘、双跟塘登岸。这日上午,镇海县城陷落。23日凌晨,又一股日军1300余人在林大山登陆,进犯霞浦、柴桥。河东村杨阿莱大屋,正屋是五间两弄大七架屋,六个厢房,正屋后还有灶间、笼谷间、石磨房等多间小屋,凶残的鬼子举起火枪"砰"地射进屋内,屋子瞬间冒出熊熊烈火,不多时,就将好端端一幢大屋子烧成炭火和未燃尽的断壁残垣。霞西张佑槐建于清朝末年的三进大屋,共20多间,也于同日被焚烧。霞南沿路的三进屋、龙头下、西河埠头等多处住宅也遭遇灭顶之灾。龙头下油菜地旁有个叫张祥敏的男孩,被日寇用刺刀捅进肚子,当场身亡。日寇暴行成为霞南村人永远不会忘记的历史伤痛,霞南村人对日本军国主义的仇恨深入骨髓,激发居民积极支援抗日斗争,并教育一代代年轻人勿忘国耻、发愤图强、振兴国家。

侵华日军于1941年4月23日毛礁登陆

守正、传承与创新：霞南村文化建设　第五章

　　下张村黄磊（1922—1946年），1939年入党，1941年到苏北抗日根据地从事民运工作。后随军南下，在富阳、诸暨一带开辟抗日根据地，任富阳窈口区委书记。1945年转入部队，任新四军一纵三旅八团一营副政治教导员，参加过山东、江苏、浙江等地的多次激战，成为胆识兼备的指挥员，他带领的部队被称为"老虎营"。1946年11月11日，在鲁南北田家营与国民党军队激战中率部出击，不幸中弹牺牲，被部队追认为"模范党员"。

　　传承解放事业的革命精神。推翻三座大山，建立新中国和社会主义制度的伟大解放事业是中国共产党及其领导的人民军队为人民和民族利益英勇斗争精神的实践表达，这种伟大事业及其精神感染和滋养着一切

北仑革命烈士纪念馆

追求正义的人们,伟大事业中的一个个英雄故事教育着翻身获解放的民众及其后人,他们成为自觉运用这种精神从事新社会和新文化建设的主人,成为掌握新思想和自己命运的新人。解放时霞南村居民直接经历了伟大的解放事业及其精神的洗礼,参与了改天换地的社会主义改造运动和集体主义精神的教育,今天的霞南村居民虽然在改革开放和市场经济的大潮中要依靠个体的奋斗来不断改善生活并实现人生的价值,但革命事业及其精神的影响并没有消失,革命教育在学校教育和各种现代媒介、文化艺术中继续发挥着重要作用,本村和附近地区革命先烈的故事在一代代霞南村居民中传递传承。

霞南村王挺(1918—1949年),1948年参加革命,任浙东游击队"小顽强部队"班长,在镇海骆驼桥黄沙站与伪镇海自卫队战斗中牺牲,时年31岁。

河西村胡振财(1905—1950年),支前民工,擅长修船,在大榭岛为部队解放舟山修理船只时,被敌机扫射牺牲。

胡志厚,1884年出生于河东村,他一生勤勤恳恳,是个爱国忧民、知书达理的知识分子。抗日战争时期,他鼓励子女投身抗战前线。他的三儿子胡俊民1936年参加革命,在浙江丽水参加粟裕大将领导下的游击队,任23军政治部主任,新中国成立后在中央文化部任职。四儿子胡铁民1942年入党(年仅16岁)后,勇敢地领导学生抗日运动;解放战争时期,积极组织反内战、反迫害活动,与国民党反动派作英勇斗争;上海解放前夕,任中共上海沪西区委学生分会区委书记,在学生中组织人民保安队、人民宣传队,宣传党的政策,保护人民生命财产的安全,为迎接上海解放做贡献;新中国成立后任上钢五厂党委书记、上海市冶金工业局党委副书记等职。

1947年，中共镇海（江南）党组织发动农会，开展合法斗争。霞浦的青壮年，在地下党员的策划下，与敌人开展"反抽丁"斗争。同年6月21日，主张"反蒋"的"定海除奸大队"袭击霞浦镇公所，缴获国民党警备班长短枪9支，连同其他地方缴获的武器，原"定海除奸大队"实力大增，被改编为中共领导下的浙东第四自卫纵队。

1949年5月27日，人民解放军64师，65师，66师所属190团、191团、193团、197团穷追猛打国民党军残部，一路从高塘、新碶经霞浦进入柴桥，向炮台山国民党守军661团发起攻击，霞浦与大碶、高塘、新碶、柴桥等地同时解放。新浦区域由此改天换地，各村村民得知喜讯，兴奋不已地唱起了欢庆解放的《胜利进行曲》："胜利向前进，人民解放军，打倒蒋介石，人民要翻身……"还举行了欢庆解放的大游行，人们举着横幅、帅旗、挑着炮担，敲锣打鼓，一路欢呼雀跃，表达迎来崭新生活的喜悦之情。

三、与时俱进创新发展，谱写社会主义新文化

改革开放40年来，宁波作为对外开放前沿地带和港口城市，始终走在改革开放前列，历史上积淀形成的商业文化、海洋文化、港口文化和浙东经世致用文化重新焕发出巨大的力量，被赋予新的时代内涵，创新发展出社会主义新文化，成为支撑和引领宁波，包括霞南村改革开放发展的精神力量。

秉承和发展经世致用文化。北仑地区、整个宁波甚至浙江山多地少，在农业文明时代虽然土地肥沃，但面积小人口密度大，仅靠农业很

难过上殷实的生活，因此，这里的居民不得不靠海洋渔业、商业和其他生产活动来维持生活，在这些活动中他们形成了讲求实际、不尚空谈、艰苦创业的经世致用文化。改革开放大幕拉开后，北仑区和霞南村人多地少的农业生产条件并没有发生根本转变，但他们秉承这种经世致用的文化，为了生存发展，在改革开放大潮中勇敢地闯与试，终于走出了适合本地实际的发展路子，将国家政策和本地发展的需要落到了实处。

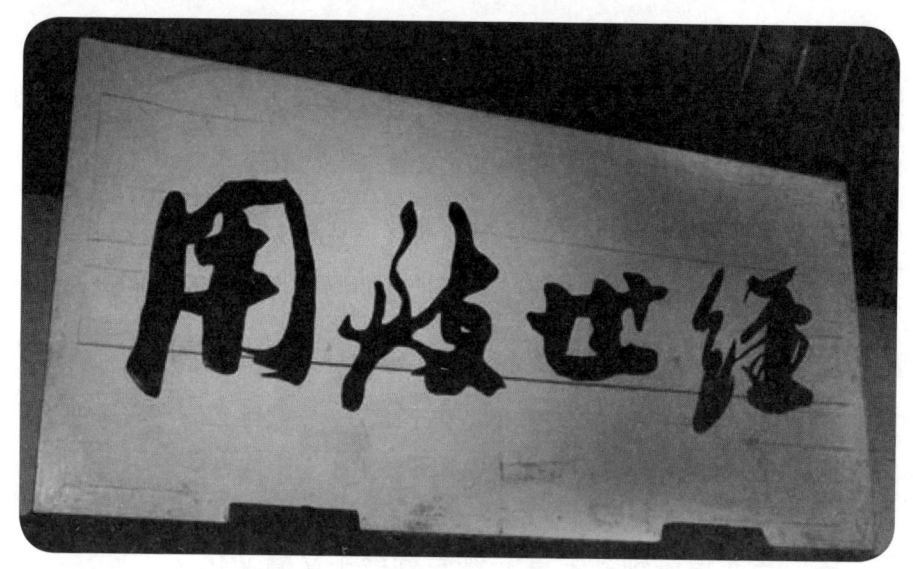

浙东学派创始人黄宗羲倡导经世致用文化

形成改革开放文化。改革开放40年来，我国文化领域取得的最重要成就之一就是形成了伟大的改革开放文化，改革开放成为决定当代中国命运的关键一环，成为实现中华民族伟大复兴的强国之路。改革开放取得的伟大成就举世瞩目，经过40年改革开放，国家综合实力、人民生活水平、整个社会结构、人民精神面貌、国家的国际地位发生了巨变，人们普遍认同改革开放、期盼深入改革开放、积极参与改革开放。霞南村所在的北仑区身处改革开放前沿，是改革开放的先行探

索地区、深度实践地区，也是直接受益的地区。霞南村不仅在改革开放之初就很快响应国家政策要求实行家庭联产责任制，挣脱了传统生产队生产模式的束缚，极大地解放了生产力，改善了生活，而且很多居民重新经商或到城镇务工，或创业办厂。童装生产虽然现在已经转型升级为多元化产业发展格局，但在改革开放过程中曾经是霞南村及周边重要的支柱性产业。

张敏元掀起霞浦童装热。20世纪80年代初，张敏元到上海考察，发现童装市场前景看好，带回了几件童装，想办家童装厂，得到霞南大队的支持。大队借了间20多平米的小平房，找了6个会做裁缝的农妇，让她们抬来自家的缝纫机，办起了霞南童装厂。这不光是当时霞浦第一家童装厂，也是宁波市首家专业制作童装的企业。霞南童装厂第一年产值达到9.9万元，这在当时是个惊人的数字，到1984年，职工发展到三四百人，产值达到125万元，厂房几经搬迁，最后专门建造了一座三层楼房。1987年，霞南童装厂到了鼎盛时期，厂房再次搬迁，员工达到500多人，年产70多个品种、60万件成品，年产值达到300多万元，产品销售到全国22个省份近50家大商场。张敏元的成功牵动了霞浦的童装热，霞西大队张信潮的小百花童装、张敏龙的神童童装都十分红火，到1991年，霞浦的童装厂有150多家，从业人员5000多人，年产值2000多万元。这年年底，位于霞西汽车站附近的"霞浦童装市场"隆重开业。虽然20世纪90年代中后期，霞南村本地童装业由于利润日益减少而逐渐被其他产业替代，但正是改革开放过程中的这种艰苦创业，霞南村和北仑人民形成了"四千精神"——"历经千辛万苦，说尽千言万语，走遍千山万水，想尽千方百计"，并一直驱动着他们继续奋斗和创造更美好的生活。

1985年张敏元（中）在霞南童装厂看样订货会上为客户介绍样品

践行社会主义核心价值观。社会主义核心价值观是社会主义核心价值体系的内核，体现社会主义核心价值体系的根本性质和基本特征，反映社会主义核心价值体系的丰富内涵和实践要求，是社会主义核心价值体系的高度凝练和集中表达。2006年3月，我们党提出了"八荣八耻"的社会主义荣辱观，2006年10月，党的十六届六中全会第一次明确提出了"建设社会主义核心价值体系"的重大命题和战略任务，明确提出了社会主义核心价值体系的内容，并指出社会主义核心价值观是社会主义核心价值体系的内核。2007年10月，党的十七大进一步指出了"社会主义核心价值体系是社会主义意识形态的本质体现"。2012年11月，十八大报告明确提出"倡导富强、民主、文明、和谐，倡导自由、平等、公正、法治，倡导爱国、敬业、诚信、友善，积极培育社会主义核心价值观"，2017年10月18日，习近平同志在十九大报告中指出，要培育和践行社会主义核心价值观。2018年3月11日，国家倡导社会主义核心价值观进入宪法。霞南村的文化建设在党的领导下也始终以社会主义核心价值观为灵魂，通过各种方式引导人们学习并努力践行之。随着市场经济发展和社会建设的推进，霞南村居民也能直接体会到践行社会主义核心价值观的重要性。

弘扬慈善精神与公益文化。社会主义核心价值观在霞南村践行的具体成果之一就是村民们的善行义举，这也是霞南人慈善精神的延续与发展。在新中国成立前，就有众多的霞南人积极从事家乡公益慈善事业，新中国成立后和改革开放时期，依然有很多霞南侨胞回家兴资办学，举办公益活动。这都有力地推动了霞南人公益精神和核心价值观建设。

社会主义核心价值观宣传栏

1926年乡贤捐建的霞浦小学教室

在兵荒马乱的国民党统治时期，张荫乔、翁辅宸、张星耀、张兆泰等人以四都泰宁会津贴为经费，创办了霞浦学堂，后改名霞浦国民学校。1925—1931年，学校经费遭遇困难，乡贤张继堂、张长福又慷慨捐银，使学校的正常教学得以继续进行。这所学校就是霞浦小学的前身。乡贤张兆泰为捐助学堂曾卖掉自家田产，其助学事迹，远近闻名。乡贤水嘉宽20世纪20年代赴青岛经营水产生意有了积累，在故乡捐资兴办泰中私立初级小学。建校之初，校舍仅有五间正屋加厢房，只能开设四个复式班。后来，被拆除的傅家碶庵和河东遭日寇火烧的杨阿来大屋残墙砖瓦也被用来扩建校舍，故改名大胡小学。前些年，台胞张兆庆先生为大胡小学捐建了教学楼，学校规模上了新台阶。

守正、传承与创新：霞南村文化建设

大户人家乐善好施济灾民。霞南人张继堂早年在上海外企务工，因勤奋尽力，诚实守信，深得外商信任，升任要职。20世纪40年代初，家乡霞浦闹灾荒，百姓饿得发慌。张继堂得知这个信息，急乡亲之所急，以满腔的慈爱之心，连续数月施粥施食接济灾民，直至家乡父老平安度过灾荒之年。嗣后，张继堂又多次出资在霞浦街上铺设石板路、筑造桥梁，等等，深得百姓赞许。

张敏钰热心公益爱家乡。张敏钰，字兆庆，1913年生于霞南村。他幼年丧父，家境清苦。早年拼搏于上海纺织界，20世纪40年代末迁台，继续经营纺织业，并涉足面粉业、水泥业，其"嘉新水泥"几度进入台湾百强

1993年落成的兆庆教学楼

企业。张兆庆先生事业略有所成，就热心公益事业，1963年出资1000万元创办了嘉新文化基金会，受益8万多人。还将奖学范围延伸到大学、研究所，设立了多种奖项奖励文化教育事业。1969年9月，美国林肯纪念大学授予其"荣誉人文博士学位"，获得了"中国诺贝尔"的美誉。在1993年嘉新奖学金成立30周年纪念会上，他宣布把身后所有财产捐献给社会。张兆庆先生情系故里，从20世纪80年代开始至今，已先后捐资1600余万元建造了霞浦小学兆庆教学楼、霞浦中学兆庆实验楼、霞浦医院兆庆门诊楼、霞浦中心幼儿园兆庆育才楼、柴桥小学兆庆教学楼、芦渎中学教学楼、北仑中学兆庆教学楼和兆庆体育馆、柴桥万福室藏塔等。

张忠范思乡情浓助幼教。张忠范，旅日侨胞，霞浦街道霞南村人。1992年5月为表达自己的思乡之情，慷慨解囊捐资建造"美邦儿童乐园"。"美邦儿童乐园"由日本女士上野千奈美设计、张忠范先生和日本曹洞宗宗务长大竹明彦等12位日本友人共同出资建造。它既有日本庭院的优美和谐，又有中国园林的传统特色。乐园中央矗立着一块褐色的石碑，碑面刻着张忠范先生亲自书写的碑文："树高千丈，叶落归根，隔海遥望，思乡情浓，但愿身后魂系于斯，与故乡后世子孙朝夕相伴，吾愿足矣。"赤子之心，显露无遗。

积极开展大众文化建设。文化建设的落脚点还是要满足民众的文化需求，对民众进行思想道德和审美的引导。中央和地方政府一直高度重视农村文化建设，霞南村由于近邻城区，大众文化建设步伐因此更能跟上城市现代文化建设的节奏。改革开放过程中，电视、电影院、网络、舞厅、歌厅、台球室等文化设施几乎与城区同步进入霞浦地区，各种影视作品与流行歌曲也能传播到霞南村。霞南村文化礼堂位于东山路上，

守正、传承与创新：霞南村文化建设 第五章

占地面积2000平方米，内有婚、丧事办理场所，党员活动中心，文化礼堂展厅，农村图书室，跳舞健身广场等。霞南村建有一些公共体育设施，方便人们强身健体，在朝北街大桥头边专门建有老年活动室，面积约120平方米，基础设施齐全，供老年人闲聊、娱乐之用。这些都极大地丰富了人们的精神生活，并影响着他们的心灵世界、道德意识和行为。

霞南村老年活动室

霞南村还出了一些文化名人和产品，为家乡和国家文化建设作出了自己的贡献。张挺，1945年4月生于霞南村，自学成才，现代作家，浙江省作家协会会员。已出版长篇小说《黑衫党的枪声》《佛岛恩仇记》《乱世梦》《佛舍利奇案》及诗集《张挺爱情诗精选》；创作电视剧本《济公活佛》《游本木探案》，拍摄百集少儿道德教育系列剧《爱的诗

篇》、电视连续剧《济公游普陀山》和《鹿城恩仇记》等。

霞浦高跷踩进大上海。高跷,由舞蹈者脚上绑着长木跷表演,技艺性强,还便于群众远近观赏,犹如活动舞台,因而广受欢迎。高跷传入北仑仅百余年历史,1990年12月,北仑区举办首届艺术节,霞浦人编排了《西天取经》《卖花秧》等节目在大巡游中亮相,受到广泛关注。1991年6月,与北仑区结为友好区的上海市长宁区在中山公园举办"中华民俗风情大型游艺会",特邀霞浦高跷队加盟,上海《新民晚报》作了报道。同年,此项活动被评为宁波市十佳群众文化活动之一。此后,霞浦的高跷活动趋向经常化。

总之,霞南村是一个有深厚历史底蕴和红色文化传统的村庄,也深深浸润在改革开放新文化的影响中。近年来,在各级政府大力支持下,霞南村的传统文化和红色历史,尤其是张人亚的事迹与精神得到全面挖掘、整理、守护与传承,霞南村正在被打造成为一个集历史民俗、革命传统、时代精神和海洋文化于一体的红色文化小镇,这不仅将更加充实霞南村居民的精神生活,提升他们的精神品质,而且也将影响、教育前来参观考察的人们。

第六章

守护一片绿水青山：
霞南村生态建设

习近平总书记高瞻远瞩，对生态文明建设抓得早抓得紧。他指出："山水林田湖是一个生命共同体，人的命脉在田，田的命脉在水，水的命脉在山，山的命脉在土，土的命脉在树。""我们既要绿水青山，也要金山银山。宁要绿水青山，不要金山银山，而且绿水青山就是金山银山。"这些重要论述深刻指出了生态与发展、生态与文明之间的辩证统一关系，生态是发展依托，是文明的基础，良好的生态环境是人们美好生活需求的重要内容；生态破坏了，发展就不全面，也不可能持续；生态毁坏了，文明就会衰落。党的十八大首次把"美丽中国"作为生态文明建设的宏伟目标，把生态文明建设摆在了中国特色社会主义"五位一体"总体布局的战略位置，美丽乡村建设成为农村发展的重要内容。党的十九大将"必须树立和践行绿水青山就是金山银山的理念，坚持节约资源和保护环境的基本国策，像对待生命一样对待生态环境"作为习近平新时代中国特色社会主义思想和基本方略的重要内容写入大会报告之中。党的十九大还提出乡村振兴战略，并明确实施时要贯彻"生态宜居"的要求，加强农村环境保护和人居环境整治。霞南村濒临大海，周边群山环抱，传统上以农业为主，空气水质优良，是宜居长寿之乡，2014年村里90岁以上的老人有9位。但是，区域工业化的推进使得环境保护问题日益紧迫，人们对环境质量的要求日益提高。近些年来在上级政府的领导下，霞南村贯彻落实国家生态文明建设的方针政策，加大了村庄整治、环境美化和生态保护力度，大力发展历史文化参观、红色旅游和生态产业，减少了经济发展的环境压力，取得了较好的生态效应、社会效应与发展成效。

守护一片绿水青山：霞南村生态建设

一、村庄建设与整治

落实村庄建设规划与政策。霞南村地处城市郊区，土地极为珍贵，是城市发展的重要延伸地带，因此政府早就制定了各种区域规划，包括霞南村村庄建设规划，以规范本区域的发展和土地利用秩序。霞南村外来人口多，村民的房屋可以出租以获得租金，如果将来土地征用和房屋拆迁也会得到补偿，因此村民的宅基地、承包的土地和拥有的房产既是他们重要的生产生活资料，也是他们获得征迁补偿的重要资产。虽然很多村民在北仑、宁波和外地已经购有住房，但他们和居住在村内的其他村民一样希望翻修村里的老房子甚至要求村里另外提供新宅基地盖新房子，而不愿意拆掉老房子并退出宅基地。另外，有些村民或者从村民那里转包土地的外来经营者想在村里利用闲置土地甚至耕地建厂、店面房

霞南村局部村容村貌

或者其他经营用房，霞南村严格落实村庄建设规划和各级政府关于农村住房建设、经营用房建设的政策规定，严格履行报批审批手续，保证了住房和经营用房建设的秩序，杜绝了随意建房、乱搭乱建的行为。

老房屋保护与维修。霞南村并没有像很多城郊村那样大拆大建，因此，整个村庄房屋布局比较紧密、不太整齐，村内道路大多较窄，公共绿地和空地较少，住房多为自建房，部分房屋年代久远，有些还是清代或"民国"时留下的老房子。针对这种情况，霞南村在街道统一安排与组织下，对老房和危旧房进行排摸与维修。在老房子的处理方面，一是对有文物价值的老房子进行保护，作为旅游参观的历史景观进行开发利用；二是由村出资，进行团体政策性农村住房保险；三是对部分存在隐患的老房子逐一翻修，降低危房存在的风险，被鉴定为危房的，严禁村民居住，定期进行监测，并每季度进行上报。目前，霞南村参保的老房共有462幢，被鉴定为危房的有4幢。

开展村庄环境整治。在霞浦街道党工委的大力扶持下，霞南村对村庄内水沟和池塘清淤，禁止生活垃圾往池塘倾倒，保持水质良好。在村内道路等基础设施建设方面，积极争取各方面资金投入，对东山路、槐花弄等多个路段进行地面修复、下水道改造、垃圾桶设置和公共厕所建设。在辖区内安装监控探头、修建停车场等；目前，霞南村辖区内水泥路覆盖率达95%以上。下水管道自2010年整体翻修后，经多次台风、暴雨气候考验，基本通畅。在环境清洁方面，不仅要求各家各户不能乱倒生活污水、油烟按规定措施排放、垃圾要放到垃圾桶中，杂物不能乱堆，室内和庭院要保持整洁，而且公共卫生实行保洁员岗位责任制，聘请了7位村民，对霞南村区域内的路段采取包片责任制，定期考核，有奖

霞南村垃圾分类宣传

有惩,力求做到环境整洁,卫生无死角。在村庄美化方面,在霞南村张人亚参观精品路线段,主要是东山路段,对外墙统一着色,力求美观,随后逐步对整个村区域的房屋外墙进行美化。

二、区域环境保护

霞南村的环境保护与生态建设不仅局限于小小的村庄,而是与周边区域环境保护一体进行,不断加强农田污染控制、池塘河流净化、山林保护和区域企业排污管理。

农田污染控制。霞南村虽然部分耕地被征用,但大部分农田受到保护并只能用于农业种植,霞南村居民在种植水稻时一般要喷洒农药防病灭虫，以前他们习惯用毒性比较剧烈的农药，这一方面可能造成大米农药残留程度比较高，影响到饮食安全；另一方面田里的农药随水流入河流池塘，或者用完的药瓶子被乱扔从而使残留的农药流入附近水域，导致河流池塘的污染。现在，通过剧毒农药销售控制、减少农药使用量和鼓励绿色生态种植，以及禁止药瓶乱扔，从而基本上控制住了农田农药污染。

池塘河流净化。按照"五水共治"的要求，霞南村与居民、辖区单位、经营机构和企业一起对环境进行协同治理，努力控制生活污水、有农药残留的水流、动物粪便、工厂污水在未经处理前直接排入池塘河流，严禁垃圾倒入河中和池塘。霞南村还在街道统一安排下实行河长制，以及时发现各种乱排乱倒行为，并清除各种垃圾。霞南村近两年对池塘和河流进行了清淤和生态修复，使水质自我净化能力得到了提高。

霞南村河道清淤

守护一片绿水青山：霞南村生态建设

绿化与山林保护。霞南村不仅在村庄内部加大公共空间绿化力度，鼓励村民保护公共场所和自家庭院中的树木，在房前屋后多种观赏树和各种花草，使村庄得以绿化美化，而且还在各条道路、田埂和荒地上种上树木，使村域绿化率得以提高。另外，村庄附近有岗头山、磨湾山、万金山，几公里外还有凤凰山和九峰山。这些山是北仑甚至宁波生态屏障的重要构成部分，以前农村居民喜欢到这些山上打柴、伐木和放牧，给山林和植被造成破坏。随着城市化推进和生产生活水平的提高，上山打柴和放牧基本绝迹了，但由于苗木和树木比较能够卖钱，乱砍滥伐仍然可能发生。因此，在上级政府领导下，霞南村一方面加强山林保护宣传，另一方面就是加强管理、监督与执法，打击违法采伐行为，从而保护了周围的山林，为区域生态旅游开发打下了基础。

企业排污管理。霞南村域及周边各种企业较多，为当地经济发展作出了重要贡献，但在一段时间内对环境也造成了一定的消极影响，并在现在和将来依然存在环境污染的风险，从而越来越引起政府和居民的高度重视。党的十八大后，生态文明建设成为社会主义建设"五位一体"

北仑九峰山

布局之一；党的十九大将污染防治列为三大攻坚战之一，进一步强调了环境保护的重要性、紧迫性和复杂性，强调要更好地满足人民对美好生活，包括对美好环境的需求。北仑、霞浦街道加大了环境保护和对企业排污管理与检查力度，使霞南村域和周边企业污水、废气和工业垃圾偷排乱排得到了控制。霞南村居民积极参与企业污染控制与治理，如2016年6月区环保局针对居民投诉较多的霞南村附近存在异味问题进行了检查。检查组首先来到霞南村现场查看，随后来到了台塑关系企业，检查中并未发现异常，所有设备均运行正常。检查组随后对村庄附近的企业进行了检查，在霞南村南侧，检查人员发现有两家企业环保不达标，一家企业废气处理设备正在改造升级过程中，但企业依然在生产，生产过程中产生的废气直接排放到空气中；另一家企业废气收集系统存在问题。检查组进一步取证，最后对两家企业进行了处理，两家企业进行了整改，达到了废气排放和收集的技术要求，消除了对空气的污染，居民反映的异味消失了，空气质量改善了。

三、打造历史参观、红色教育与生态旅游基地

历史遗迹、革命进程、先贤英烈构成了霞南村历史中浓墨重彩的部分，传统文明、红色文化和时代精神成为霞南村庄的文化基底和不断发展进取的精神动力，也成为开展红色教育与文明传承的资源与基础。霞南村周围群山环绕，凤凰山和九峰山生态旅游已初具规模，北仑区政府和霞浦街道已经制定了在发展红色教育基地的背景下进一步开发历史考察和生态旅游的规划，这样霞南村的红色教育、历史考察就能与周边生态旅游有机衔接，从而更加充分释放红色教育和历史考察的政治与社会

守护一片绿水青山：霞南村生态建设  第六章

效应，以及生态旅游的经济与环境保护效应。

历史文化展示建设。在区和街道的统一组织下，霞南村对有文化价值的老宅、历史遗迹进行了清点统计，并加以维修保护，同时作为霞南村历史文化的见证向游客展示。霞南村还对本村历史名人及重要事迹进行了收集，对村庄历史与变迁进行了考察，对本地文化风俗进行了整理，并将这些材料统一呈现在村史与文化展厅之中。霞南村还将当代名人与经济社会建设的成绩也纳入到展示内容之中，对全村的建筑外墙统一美化、对部分危房拆除或改造，从而将既有历史感又比较美观、传统与现代和谐融合的村容村貌展示给本地居民和外地游客。

霞南村有保护价值的老宅

红色旅游建设。霞南村以张人亚的事迹为基础建设党章学堂、人亚路、人亚故居和衣冠冢，将之打造为各地党员干部学习党章和张人亚精

神的红色教育基地。党章学堂位于离张人亚故居很近的新浦老屋,是一座建于20世纪30年代的"民国"老建筑。总占地面积4000平方米,室内面积1800平方米,包括可容纳500人的霞浦会堂、70人的初心学苑以及五个展厅,全面展示张人亚的革命历程、保存的珍贵文献、中共党章和党纪的沿革。张人亚党章学堂通过"学、忆、观、听、宣、做"六位一体的方式,打造学党章、忆先驱、观红片、听党课、温誓言、践服务的"红色阵地",为前来学习参观的党员群众提供一个守望先驱精神、传承先驱遗志、牢记初心使命、尊崇践行党章的"开放式组织生活基地"。在党章学堂还对霞南村及周边革命先烈的事迹进行了展示,使得学员群众对本地的革命历史有更加具体深入的了解。

生态旅游项目建设。良好生态不仅是人们居住生活的环境保障,也是绿色发展的重要资本。近年随着以张人亚党章学堂为主体的红色教育基地的建成与开放,来霞南村参观考察的党员群众越来越多,这为当地

北仑凤凰山游乐园

守护一片绿水青山：霞南村生态建设  第六章

生态旅游发展带来了重要机遇，因此区和街道进一步认识到应将红色教育基地与生态旅游发展统筹起来，一体规划、建设与开发，形成1+1大于2的综合效应，使参观红色基地的党员群众可以就近欣赏霞南村周边优美的自然环境，来附近旅游的客人能够在霞南村停留参观党章学堂，接受精神上的洗礼。霞南村主要从三个方面进行生态旅游项目开发建设。一是建设生态观光农业。农作物的经济收益取决于产量、质量和市场价格，但其边际收益是递减的，导致其收益有限，因此传统的小农户种植模式缺乏相应的利润激励，规模化种植虽然可以提高收入，但由于土地面积有限，种植规模不可能太大；种植水果与苗木虽然可以提高收入，但前期投资大、果树与苗木有较长的生长周期，且部分农田不适合种植果木。因此，生态农业、观光农业、体验式农业成为传统农业创造更大经济价值的发展取向；霞南村地处城郊，而且环境较好，因此有较好的需求市场，街道和村民正在筹划如何通过发展生态农业让城里人来观赏、体验农业，来采摘、品尝和购买绿色有机农产品。二是进一步开发周边山景旅游。霞南村正在推进与凤凰山、九峰山旅游的衔接，使附近山景得到充分利用，并与已有的山景旅游连成一片；目前，主要是进行开发论证设计、基础设施建设、品牌包装与宣传，相信经过几年的发展，霞南村的山林田园能够融入周边旅游项目中，使绿色霞南、田园霞南成为亮丽的风景线和经济发展的新动能。三是大力发展生态民居与农家乐。霞南村不仅通过红色教育、绿色旅游使各方嘉宾学在霞南、悟在霞南、游在霞南，还大力改善居住设施与饮食环境，发展生态民居和农家乐，使大家能够在霞南的青山绿水边住得好，吃到地道的农家饭，体验地道的农村味，舒缓浓浓的乡愁、释放身体的疲劳、排解心灵的

焦虑。

  总之，霞南村深入践行习近平总书记"绿水青山就是金山银山"的思想，制定并落实红色小镇建设规划，对村庄进行整洁美化，对有历史文化价值的老屋、建筑和其他遗迹进行保护，对区域企业排污进行控制管理，保护大气田地山林河流，发展生态观光农业，利用文化资源和生态优势，打造历史考察、绿色旅游和红色旅游一体发展的新型旅游产业，从而实现经济发展与生态建设相互融合、相互促进，使霞南村村民和前来观光考察的人们，能够在这一片绿水青山中放松身心、体验自然，获得精神上的启迪。

第七章

党建引领"三治"：
霞南村政治建设

党的十九大报告指出:"党政军民学,东西南北中,党是领导一切的。中国特色社会主义最本质的特征是中国共产党的领导,中国特色社会主义制度的最大优势是中国共产党的领导。"这一重要论述体现了我们党对中国特色社会主义本质规定的认识达到了一个新高度,对共产党执政规律和社会主义建设规律的认识达到了一个新境界。正是在中国共产党的领导下,中国人民取得了革命胜利,以及社会主义建设和改革开放的伟大成就,中国正前所未有地接近实现中华民族伟大复兴的梦想。坚持党对"三农"工作的领导,加强农村基层党组织建设,巩固党在农村的执政基础,加强和完善党领导下的农村基层"三治"融合的治理体系,才能使乡村振兴战略落到实处、顺利推进,才能保障农村全面建设、全面发展、全面建成小康社会,最终实现现代化。宁波北仑结合本地实际,根据经济社会发展与治理的需求,创造性探索出了一条通过区域化党建强化基层党建、推进"三治"发展、优化区域治理的新路子。霞南村在区域化党建过程中,村党支部建设及其功能发挥得到了极大改善,村民自治和村庄法治、德治得到了加强,村庄公共服务更加高效,有力保障和促进了霞南村的建设与发展。

一、北仑区域化党建的背景、历程与目标

区域化党建背景。北仑区位于宁波市东部,濒临东海,1984年建区,陆域面积614平方公里,现辖8个街道1个镇,共有195个村民委员会和48个社区居委会,常住人口90万人,其中户籍人口38万人,是宁波市第一个外来人口超过本地人口的区域。北仑区是一个依港而生、因港而兴的城区,境内以一个行政区为基础,汇聚了宁波经济技术开发区、

党建引领"三治":霞南村政治建设  第七章

宁波保税区、宁波出口加工区、大榭开发区、宁波梅山保税港区五个国家级开发开放功能区,是浙江省开发开放的先行区。依托良好的港口岸线优势和开发开放优势,目前北仑区已逐步形成了以石化、钢铁、汽车及配件、能源、装备制造等为主体的大型临港产业集群,全区经济社会发展快速推进,综合实力位居全省前列。开发开放深入推进,带动了北仑经济社会的快速转型。全区城乡统筹一体化发展加速,城市化率达到70%,90%以上的行政村涉及开发建设,全区共有900家规模以上企业及数千家中小企业,90%以上的劳动力已转移到城镇二、三产业就业,流动人口和户籍人口数比例倒挂,成为全市首个流动人口超过户籍人口数的县(市)区。经济社会的发展转型,给区域社会治理和政治协调带来了新挑战和任务:村、居、企交织分布,城市居民、农村居民、外来人口混合居住非常普遍,工业园区、外来人口集聚区、城中村、园(工业园区)中村、拆迁安置片区等新型社会空间形态大量出现,全区在民政部门登记的社会组织有390余家,在街道(镇)备案的有1800余家,涉及文化体育、社会公益、综合治理等多个领域,成为基层社会中一支不可忽视的力量,基层社会形态的快速变化,亟须新的社会治理方式和政治调控方式与之相适应。

区域化党建历程。经济社会的快速发展给北仑的基层社会结构带来了深刻的变化,基层社会出现了管理盲区,党建工作出现了很多"空白点"。1992年起,北仑开始探索外来务工党员属地化、区域化管理,设立了全区第一个区域性党组织,即开发区人才交流中心综合党支部,统一管理区域零散党员和流动党员。区域性党组织成为区域内单建党组织的"孵化器"和零散流动党员的"蓄水池",以"铁打的营盘"应对

"流水的兵",区域化的党员教育管理模式逐步从非公经济领域向社会组织和城市社区等延伸。在此基础上,2006年,北仑区在大港工业园区和杜鹃片区探索建立了"1+N"("1"为区域综合党总支,"N"为单建党组织)的区域性党组织设置模式,对区域内基层党组织和零散、流动党员实行属地管理和统筹运作,同时在两地建立党员服务中心,作为党建工作阵地和区域标识性的功能性建筑,党建工作从单纯注重组织覆盖向工作区域覆盖并重深化。

为适应公共服务城乡统筹和社会利益多元化要求,践行为人民服务的宗旨,推进基层党组织职能从党员教育管理向服务基层社会转变,2007年,北仑区拓展和深化了党员服务中心的外延和内涵,增加审批服务、公共服务、便民服务的相关内容,为区域性党组织配置相应人、财、物等资源,党员服务中心升格为区域公共服务中心。同时,按照"一区域一中心"的目标,加强区域公共服务中心建设,引导各部门把相关行政服务和审批服务向基层延伸,公共服务中心承接社保、综合治理、计生、外口管理等服务职能,为区域内各类群众提供一站式服务。

2007年,小港朱田村成立了第一个区域性的协商议事组织——和谐共建理事会,为这个典型的"工业园企业包围农村"的"园中村"搭建了村企共建、区域事务共商共议、区域矛盾协调解决平台,实现区域资源共享、优势互补。之后,新碶街道高塘片区、芙蓉片区也相继建立了和谐共建理事会,充分凝聚区域内各群团组织、经济组织和社会组织等力量,发挥"两代表一委员"等贤达人士作用,构建起区域自治管理工作的新格局,解决了不少涉及民生及区域发展的难题,为基层社会治理搭建了一个新的平台。

第七章

党建引领"三治":霞南村政治建设

结合基层实践探索和区委顶层设计,为进一步加强城乡统筹的基层组织建设,2009年,北仑区出台《关于进一步加强城乡统筹的基层组织建设的意见》(仑委〔2009〕4号)、《实施区域化管理片区的认定办法》(仑委办〔2009〕82号)、《关于加强城乡基层区域化党建工作的意见》(仑委办〔2009〕83号)、《北仑区区域公共服务中心(站)建设的若干意见(试行)》(仑委办〔2009〕84号)、《关于推进区域协商议事组织建设的意见(试行)》(仑委办〔2009〕85号)、《北仑区公共服务中心(站)专职人员管理办法》(仑委办〔2009〕86号)、《北仑区基层组织建设专项资金管理使用办法(试行)》(仑基组〔2009〕1号)的推进区域化党建的一系列文件,在全区明确建立了以区域性党组织为领导核心、公共服务中心为依托、协商议事组织为基础"三位一体"的基层组织体系,并在各街道(镇)逐步推广。2014年全

2011年在北仑召开的区域化党建与基层社会管理创新研讨会

区已建成59个区域化党建片区,覆盖了农村、工业园区、城市社区、城郊结合部、商圈等不同的社会空间形态,形成了农村片区型、工业园区型、城市片区型、村居企混合型、撤村建居型、商圈统筹型等六大类型的区域化党建片区;区域性党组织的活力得到进一步提升,基本构建了城乡一体的区域化基层组织网络,推动实现了基层党组织功能调整;区域内的组织、党员、阵地、资金等基层党建资源得到了初步整合,党员教育管理方式得到了进一步创新;构建了"1+N"的区域化基层党组织体系,并以此为基础和核心重塑了基层社会的政治网络,增强了党在基层社会的政治核心地位。

北仑区持续深入开展区域化党建工作,引起了全国党建专家和各级领导重视。2011年7月,全国党建研究会和宁波市委联合举办的"区域化党建和社会管理创新"研讨会在北仑召开,全国党建研究会会长虞云耀等40余位党建领域专家出席了研讨会,对北仑区区域化党建工作模式予以了充分肯定。2012年3月,浙江省区域化党建工作现场推进会在北仑召开,时任省委常委、组织部部长蔡奇同志出席会议并发表了重要讲话,区域化党建工作在全省逐步推广开来。此外,《红旗文稿》《中国组织人事报》《浙江日报》《共产党员》《宁波日报》等主流报刊媒介多次宣传报道了北仑的区域化党建工作经验。北仑区区域化党建工作取得了令人瞩目的成绩。

北仑区的区域化党建工作也为基层社会治理创新带来了强劲驱动,在区域性党组织主导下,社会组织逐步繁荣,截至2013年,北仑区已有各类社会组织1700余家,其中党员担任骨干的就有800余家,82%的区域党组织工作通过社会组织得到了落实。基层协商民主呈现多元化形式,

2012年浙江省区域化党建工作现场推进会

除区域协商议事会外，也催生出老娘舅理事会、银发和事佬等一批区域性自治组织，满足各类组织和群体参与社会治理、表达利益诉求、协调矛盾沟通的需求。区域化党建工作有力地促成了基层社会多元主体积极性的发挥，保障了基层社会的和谐发展，全区初步实现政府治理和社会自我调节、居民自治良性互动，形成社会治理人人参与的局面。有事先找区域性党组织，已成为北仑基层社会的共识。

自2013年起，北仑继续深化区域化党建工作，区域化党建进入了发展的新阶段。通过将区域化党建工作对接基层服务型党组织建设的新目标新要求，创新开展幸福党建"三叶草"行动，提出"我服务，你幸福；你满意，我幸福"的服务口号，发动机关事业单位和街道（镇）机关党组织和党员干部，积极参与"连心桥""志愿者""顾问团"三大服务群，开展"知民情联民心""送服务惠民生""破难题促发展"三大主题活动,有效对接区域性党组织的工作需要,组织上级资源向基层延伸,形成上级支持下级的工作格局,切实增强区域性党组织的统筹整合能力。活动中培育了"微心愿""专业分享汇""阳光观护团"等服务品牌,提升了基层党组织在服务中心、服务社会管理创新、服务民生等方面的能力水平,进一步体现了党的先进性。

党的十八大后,中央对基层党组织建设和农村社会治理现代化提出了新的要求,北仑区委根据新形势新要求,在分析现状、总结经验、查找短板、厘清思路、明确对策的基础上编制了《北仑区区域化党建2014—2018年规划》,近年来通过规划的推进落实,区域化党建工作提升到"强化核心引领,凸显服务理念,融民主协商、现代社会治理等功能为一体"的新阶段,为北仑经济社会进一步发展,为贯彻落实党的十九大精神提供了坚强的政治与组织保障。

区域化党建目标。《北仑区区域化党建2014—2018年规划》确定了区域化党建目标。总体上,通过区域化党建要实现以下目标。

1. 构建基本覆盖城乡的基层社会治理格局。打破基层党建城乡二元结构"痼疾",通过五年时间,在全区建成97个区域化党建片区,基本覆盖全区所有的城市社区、工业园区、新型商圈和大部分农村。在各片区搭建"三位一体"组织架构,形成以区域性党组织为核心,区域党建工作体系、区域公共服务体系和区域协商议事体系为一体的基层社会治理新格局。初步建成区域化党建标准体系,不断弥合各个片区之间的发展差异,提高区域化党建整体水平。

2. 进一步巩固区域性党组织在基层社会治理中的核心地位。各区域性党组织对片区内基层组织基本实现属地管理,根据区域实际搭建兼职委员、党建联席会、联合党委等党的工作平台，有效整合区域内组织、党员、资金、阵地等党建资源，扎实推进"领头雁工程"，培育一批基层党组织带头人，切实增强基层党组织和党员的活力，积极推动党建带动群团建设，在全区建立城乡一体、区域统筹、条块结合的城乡基层党建工作新体系，区域性党组织依法治理、区域引领和服务群众能力显著增强，自身地位和区域影响力显著提高。

3. 提升区域化党建片区服务群众能力。全面建成"一区域一中心"的区域公共服务中心，政府公共服务和社会管理职能得到有效下延和承接，以群众需求为导向的区域特色服务得到保障和落实，形成"十五分钟公共服务圈"的服务格局。重点探索片区服务清单和组团式服务、响应式服务、自主式服务、参与式服务相结合的服务方法体系。在区、街道（镇）、片区三级审批服务网络建设上有较大突破，边远地区能够实现审批服务一站式办理。

4. 基层协商民主作用得到实质性发挥。普遍建成以区域性党组织为主导，群团组织、经济组织、社会组织以及各类群体代表共同参与的区域协商议事组织，完善协商议事规则，畅通利益表达渠道，共商共议区域事务，协调化解各类矛盾。有组织、有重点、分层次、有秩序地推进各方面的协商民主开展，坚持"有事多商量、遇事多商量、做事多商量"，发挥党的红色引擎功能，繁荣社会组织，形成党组织引领下的区域合力共治格局。

5. 区域化党建保障体制机制进一步完善。区、街道（镇）两级基层组织建设领导小组有效履职、运作顺畅，街道（镇）的基层组织建设办公室发挥实质作用。区域性党组织、区域公共服务中心、区域协商议事组织负责人交叉任职，区域化党建片区工作机构完善；打通村、社区、大学生社会工作者等基层专职工作人员队伍通道，实现统筹管理使用，为区域化党建工作提供有效人才支撑；区域化党建工作财政保障适度增长机制完善，基层组织建设资金充实，区域化党建保障体制机制进一步完善。

二、北仑区域化党建片区的设立与分类

（一）区域化党建片区设立条件

启动区域化党建片区建设，要以科学划分区域化党建片区为基础，主要考虑以下几个方面：

1. 契合加强基层社会治理的客观要求。要适应完善党在基层社会的治理体系和提升治理能力的要求，综合考虑区域化党建与基层社会发展程度、基层组织建设形势之间的规律联系，把握"党建引领""组织覆盖""服务共享""社会和谐""群众满意"等基本要求，在传统村落、工业园区、城乡结合部、新建片区等区域推进区域化党建工作；同时，在基层经济社会治理与社会形态创新的区域、基层公共服务资源一体共享的区域、城乡统筹基层党建新格局亟待建立的区域、基层经济社会治理存在突出问题的区域，都可以按照自身的实际情况，建构"三位一体"的区域化党建体系，推进各具特色的基层党组织活动、基层协商民主、社会治理和社会服务工作。

2. 规划片区要具备一定的内在关联性。要综合考虑历史渊源、人口流向、产业联系、设施配套等因素，以各个有着一定依附关系和认同感的区域为单位；要突破单位式的传统党建模式和城乡二元界限，将片区内处于主导地位的村、社区、工业园区党组织进行组织升格和功能拓

展,设置区域性党组织,统筹协调区域党建工作。以区域性党组织为核心,配套建立区域党建工作体系、区域公共服务体系和区域协商议事体系,因地制宜构建"三位一体"基层组织架构,形成思想认同、工作互动、关联紧密的区域化党建工作格局。

3.片区设立的管理规模一定要适度。区域化党建片区要明确适度的管理服务空间,突出中观层次的要求,确保区域的"四至"明确,管理幅度适中,服务对象规模合理,为科学划分一、二、三类不同规模的区域化党建片区奠定基础。

(二)区域化党建片区的基本要素

一个标准的区域化党建片区,要具备一定的基本要素,包括党组织主导下的组织体系、必要的服务设施、恰当的规模分类和合理的运作机制。具体来说:

1."三位一体"的组织体系。建立区域性党组织、区域公共服务中心、区域协商议事组织"三位一体"组织架构,统筹区域内行政村、社区、两新组织和流动人口的各项工作,形成区域党建工作合力。

2.必要的硬件设施。有区域公共服务中心(站),能够承接相应的公共服务职能和党员服务,为区域各类群体提供一站式便民服务;有适宜区域性党组织开展工作的办公场所,各类办公、服务设施完善;设立区域性远教中心站点,统筹开展党员教育管理工作。

3.适度的管理范围。按照自然标准或按服务中心(站)服务对象数量、结合管理范围确定区域化党建片区的一、二、三类规模类别。原则上,户籍常住人口(含居民、村民,下同)在5000人以下的,定为一类;常住人口在0.5万—1万人的,定为二类;常住人口超过1万人的,定为三类。暂住人口和企业职工总数（以外来人口管理部门和劳动部门登记统计数为准，下同）超过1万人的，上靠一档；暂住人口和企业职工总数超过2万人的，直接定为三类。

4.必要的人员配备。统筹区域基层干部管理使用，按照区域服务对象数量、管理范围和规模类别，配备相应数量的专职工作人员。1—3类片区公共服务中心配备的专职工作人员职数一般分别不超过6人、8人、10人。管理服务范围较大、非公企业数量较多的区域，专职工作人员数量可酌情增加，但最多不超过12人。

5.合理的运行机制。明确区域党组织在各项工作中的牵头抓总作用，深化推进基层服务型党组织建设，统筹党员教育管理。领导机制完善，推行班子成员交叉兼职。带动区域群团组织建设，深化推进区域化团建、妇建、工建，实现党群工作"区域一体化"。培育、指导、引领社会组织发展，不断提高基层社会组织化程度。

（三）区域化党建片区的分类与评价

根据片区社会属性和服务对象的不同，将区域化党建片区划分为工业园区型、城市片区型、村居企混合型、农村片区型、撤村建居型、商圈统筹型不同类型服务片区。

1.工业园区型片区。工业园区型片区是基于工业园区基础上的区域整合与规划，是指政府根据自身经济发展的内在要求，通过行政手段划出一块区域，聚集各种生产要素，在一定空间范围内进行科学整合，提高工业化的集约强度，突出产业特色，优化功能布局，使之成为适应市场竞争和产业升级的现代化产业分工协作生产区。工业园区型片区包括各种类型开发区块，主要服务于入园企事业单位、投资商及企事业单位从业人员，等等。

工业园区型片区要围绕更好地服务推动企业发展，创新适应工业园区发展要求的组织架构和服务运作体系，突出共享资源，降低单位成本，发挥资金、人才、技术等要素集中优势，着力强化公共服务、改善投资环境、提升园区竞争力，依据全区工业布局、经济社会形势发展要求，积极探索推进都市型工业园区、社区型工业园区、智慧型工业园区、生态型工业园区建设，注重工业园区整体的环境景观及企业形象展示，在追求经济效益同时，兼顾与生态效益、社会效益的和谐统一。

2. 城市片区型片区。城市片区型片区是经过社区体制改革后做了规模调整的居民委员会辖区，是指一定区域内由特定生活方式并且具有成员归属感的人群所组成的相对独立的社会共同体，大多数人从事工商业及其他非农业劳动的社会生活共同体。城市片区型片区包括各种划分类型的片区，如传统街坊片区、单位公房片区、商品房片区、城市边缘化片区，等等。主要服务于片区、家庭和居民群体，等等。

要适应城市现代化要求，对原有街道办事处、居民委员会所辖区域作适当调整，以调整后的居民委员会辖区作为片区地域，建立起以地域性为特征、以认同感为纽带的新型城市片区，并构建新的城市片区组织架构。要突出服务这根主线，逐步建立面向全体片区居民，主体多元、设施配套、功能完善、内容丰富、队伍健全、机制合理的片区服务体系，把片区建设成为管理有序、服务完善、文明祥和的社会生活共同体。

3. 村居企混合型片区。村居企混合型片区是指地域范围内既有由居民构成的居民区，又有由农民构成的"城中村"，同时又有一些企业经济组织这样混杂型的片区。这种类型片区是新兴城市和一些县级城市片区的特有模式,也是城市化建设过程中的过渡形式。村居企混合型片区包括村居混合型、村企混合型、企居混合型,等等。主要服务于辖区内的农村居民、城市居民及各类企事业单位从业人员,等等。

要科学搭建村居企混合型片区的区域化党建工作架构,在当前构建村居企混合型片区管理新格局基础上,逐步确立最终形成资源共享、共驻共建、责权统一、管理有序、扩大民主、居民自治的真正意义上的现代片区。要引导农民参加片区建设,致力于培养农民与居民共同参与意识,积极开展片区共建活动,聚合共同的片区精神理念,逐步促使农民转变生活观念和方式,最终向现代市民转变。

4. 农村片区型片区。农村片区型片区指相对于传统行政村和现代城市片区而言,聚居在一定地域范围内的农村居民在农业生产方式基础上所组成的社会生活共同体。农村片区型片区根据发展的时间顺序和居民点分布的状况,包括散村、集村、集镇等类型,同时还有经过统一规划和搬迁合并后的新型农村片区型片区,主要服务于农村片区居民及各类从业人员,等等。

要建立以农村片区区域党组织为核心的新型片区组织体系,健全管理服务体制,通过整合资源、完善服务来提升人们的生活质量和凝聚力、认同感,把农村片区建设成为管理有序、服务完善、文明祥和的新型社会生活共同体。要探索发展集体经济的有效实现形式,引领和带动片区中农民专业合作社、龙头企业、行业协会和产业链等组织的发展,同时,注重发挥农村片区中经济协会、文化协会、老年协会、村民理事会等组织的作用,进一步完善农村社会治理与创新。

5. 撤村建居型片区。撤村建居型片区是基于撤村建居而形成的,是

指将村民委员会转成社区居委会，撤销村委会建制，实行社区居委会建制。撤村建居是城市化、工业化的必然产物，是推进农村综合改革，统筹城乡经济社会发展，解决新形势下"三农"问题的重要举措。撤村建居型片区包括行政村建制撤销后建立社区居委会、整体或部分拆迁迁入的安置小区，等等。主要是服务于农转非居民及各类居住人口。

撤村建居型片区要加快建立和完善以区域化党组织为核心的片区组织体系，选好配强片区党组织和居委会的领导班子。撤村建居要以维护农民利益、缩小城乡差距为重点，以城乡统筹、城市规划为依据，坚持加快城乡一体化进程，全面实现农村、农民融入城市的目标。要建立健全片区事务准入制度，不断优化片区服务管理，使片区基层组织更好地承担服务职能，充分发挥片区组织管理城市的基础性作用。

6.商圈统筹型片区。商圈统筹型片区是指由于城市商业区块发展而单独形成的商圈区域，区域内商户聚集，业态以商业为主，人员围绕商业变化而聚合流动。商圈统筹型片区是伴随着城市化、商业化和现代化发展而产生的新的形态，是推动城市转型、繁荣区域经济、便捷群众生活购物的客观要求。商圈统筹型片区无固定的居民，主要服务区域内的商户、商业从业人员及消费人群，需要通过加强商圈党建来不断增强基层党组织引领基层社会的能力。

商圈统筹型片区要立足于城市商业区块内个体工商户党员人数少、人财物资源欠缺、独立开展党建工作困难较大的实际，以商圈为单位建立区域性党组织，整合优化商圈内各类资源配置，通盘考虑基层组织设置、党员培养发展和教育管理工作，统筹开展党组织活动。要通过加大政府支持力度，以商圈为核心构建区域公共服务平台，为区域内各类商户提供便捷服务，促进商圈经济持续繁荣发展。要注重通过区域性党组织主导，强化对商圈内不同利益群体的协调和整合，促进商圈和谐稳定。

三、北仑区域化党建片区职责与任务

（一）建立完善片区基层治理组织体系

1. 建立完善区域党建工作体系。突出把区域性党组织建成基层治理的核心要求，合理划分区域化党建片区，建立完善区域性党组织体系。（1）通过将片区内处于中心地位的村、社区党组织进行组织升格和功能拓展、农村联片组团推进等方式，设立区域性党组织。（2）采取"1+N"的方式建立健全区域性党组织体系，"1"为区域综合党组织，"N"为区域内各单建党组织。（3）建立"1"与"N"的动态互动机制，在"1"内的某个组织的党员达到3人并符合组建条件时，建立单建党组织；当某个单建党组织需要撤销时，将其中的党员纳入"1"中进行管理。

2. 建立完善区域公共服务体系。突出因地制宜、务求实效的要求，按照"一区域一中心"原则，由区域党组织牵头，在各区域化党建片区，整合原有村、社区办公场所，整合老年活动中心、党员服务中心、便民服务中心、综治中心等基层服务体系，建设区域公共服务中心（站），将其作为党组织服务基层社会的主平台。公共服务中心（站）综合使用的总面积一般不少于350平方米，各功能区块可集中设置，也可根据实际情况分散设置。公共服务中心（站）一般应配备服务大厅、文体活动、图书阅览、综治警务、民主议事、卫生（计生）、教育培训、

事务公开等场所。区域公共服务中心（站）与区域党组织等组织合署办公，在区域性党组织的领导下，承接政府延伸的部分公共服务职能，积极开展公共服务、党员志愿服务、社会服务等各类基层服务。

3. 建立完善区域协商议事体系。由区域性党组织牵头，广泛吸收区域内村（居）委会、群团组织、经济组织、社会组织以及"两代表一委员"、社会贤达等各类群体代表共同参与，建立区域协商议事组织。加大社会组织培育力度，着力提高基层社会组织化程度，重点培育推动区域内公益性社会组织承接公共服务、志愿者协会提供志愿服务、民间调解组织完善人民调解工作体系、文化类和融合性组织促进区域融合，并逐步将各类组织的代表纳入区域协商议事会，引导各类群体有序参与区域建设，形成多层次多类别的城乡基层协商议事平台和组织体系。

（二）明确服务群众、做群众工作的中心任务

1. 统筹服务资源。以区域性党组织为核心，发挥区域性党组织服务"领头雁"作用，依托"三位一体"服务平台体系，强化社会整合、利益协调、政策供给等功能，通过组建区域性党组织联合会、党建联席会、"兼职委员"等形式，将区域内机关事业单位、垂直管理部门、大型企业、部队等驻区单位党组织纳入区域党建工作范畴，"承接"上级下放的社会保障、外口管理、劳动就业等政府公共服务职能，抓好党群共建，积极培育社会组织，与区域内各有关单位签订资源对外开放协议，整合、吸纳各种社会力量参与区域服务，统筹区域党建资源、行政资源和社会资源，形成以公共服务中心为管理主平台、各类社会团体积极参与的区域管理服务合力。

2. 拓展服务载体。坚持服务改革、服务发展、服务民生、服务群

众、服务党员的和谐统一，围绕深化基层服务型党组织建设要求，全面推行网格化管理、组团式服务，精细优化服务流程，推进区、街道(镇)、片区三级审批服务网络建设，构建基层"十五分钟公共服务圈"。依托区域公共服务中心，发挥党员先锋引领作用，通过开展创先争优公开承诺、设立党员示范岗等方式，大力开展党员志愿服务，切实发挥党员在服务基层工作中的骨干作用。推广"红领之家""红马甲服务站""党员爱心超市"等党员志愿服务活动品牌，不断提高党员志愿服务水平。引导社会组织参与到区域服务工作中来，推广自家人服务站、81890志愿服务等社会组织服务新模式，不断提升党组织和党员服务社会能力。

3. 创新服务机制。深化开展"幸福党建"行动，加大连心桥、志愿者、顾问团三大服务群组建力度，广泛开展知民情、连民心、惠民生、送服务、解民忧、破难题活动，不断提高服务实效，构建区域化特色服务工作机制。建立分片联系网格化管理制度，制定标准化服务程序，优化服务流程，推行预约制、错时制、民情日记、首问负责、一站办结、全程代理等联系服务群众制度，建立完善窗口服务创先争优机制，不断提高服务群众工作效率水平。采取购买服务、服务外包、低偿（无偿）代办等各类形式，整合邮政、金融、公用事业等社会服务，拓展服务功能。

（三）提升区域性党组织基层治理能力

1. 加强区域性党组织的自身建设。突破城乡二元结构桎梏，在一定区域范围内，整合村、社区、企业等不同领域的党组织资源，统盘考虑基层组织设置、党员培养发展和教育管理工作，通过党组织组建动态化、党的活动开放化、党员教育管理服务一体化、作用发挥社会化等举

措、统筹开展党组织活动,推动区域内党建工作的全面整合、积极磨合和有效融合。加强基层党员队伍建设,强化党员关爱服务,尊重党员主体地位,创新党员教育管理方式,提高党员教育管理成效。依托区域党员服务中心,为区域内党组织和党员提供党务政策咨询、办理党内有关业务、策划党日活动等服务。建立流动党员服务站,推行流动党员全接纳,履行好零散、流动党员集中教育管理职责。推行党员分类教育管理,尝试打破支部界限,按照职业、年龄、爱好等组建党员分类活动小组,提高党组织生活吸引力,采取统分结合的方式开展党员教育工作。建立区域远程教育中心站点,统筹区域内党员干部远程教育工作。推行区域党员集中党课制度,统筹区域党员教育工作。推行信息化党员教育管理方式,采取短信课堂、微信课题等方式,不定期向区域内党员发送党的政策知识,提高党员教育管理的信息化水平。建设网上支部,推行网上组织生活,不断推进党务公开。

2. 提升区域党组织服务能力。把服务作为基层组织建设的鲜明主题,增强区域性党组织的服务功能和辐射带动作用,实现区域内党建工作的统筹发展、齐头并进,实现党建工作由封闭到开放、由内循环到内外结合的转变,使服务群众、做群众工作成为基层党组织的核心任务和基层干部的基本职责。积极发挥流动人口党组织和党员的引导作用,把流动人口中的优秀代表吸收到各类社会组织中,提高流动人口的认同感和融入度。采取服务项目外包、购买服务等方式,依托新社会组织开展社会服务,不断延伸党组织的工作手臂。广泛开展在职党员参与片区建设等各项活动,发挥党员在各类服务组织和服务活动中的骨干作用,通过服务提高基层党组织的社会影响力。设立党代表工作室,将区域内各级党代表编入党代表工作室，组织党代表定期开展接待、走访调研、督办重点事务等活动。

3. 发挥区域党组织推进基层治理的领导核心作用。围绕发挥区域党组织在推进基层治理中的领导核心作用，全面提高基层治理现代化、科学化水平。片区党委书记兼任区域公共服务中心负责人和区域协商议事会秘书长，强化片区党委主导下的区域协同共治，逐步建成党领导下的程序合理、环节完整的基层协商民主体系。指导区域协商议事组织制定《章程》，建立健全议事制度、例会制度等工作制度，规范工作程序，实现协商议事组织良性发展。建立区域重大事务党组织提议和首议制、圆桌会议讨论制、党员分配联系等协商议事制度，引导各类组织、群体共同协商区域重大事项、协调解决区域矛盾问题，明确区域党组织在区域民主协商机制中的主导作用，推动区域内各类群体通过制度化的安排畅通诉求渠道，整合区域利益，形成党组织主导下的基层社会合力共治。推广老娘舅理事会、企业家联合会等协商议事模式，努力形成"大事不出区域"的基层矛盾化解格局。建立区域协商议事组织成员定期调整机制，对于参与区域事务不积极、落实任务不配合的成员单位，定期予以调整、除名。加强群团组织建设，推进基层民主管理，引领推进基层社会组织发展，实现社会组织自我管理、自我教育、自我服务、自我监督的目的。

（四）强化区域化党建片区建设与保障工作

在组织领导方面，区级层面负责牵头抓总、街道（镇）基层组织建设办公室具体承担区域化党建职能。在人力新源保障方面，加强区及街道（镇）基层组织建设办公室队伍建设、区域性党组织党务工作者队伍建设和片区专职工作人员队伍建设；在财力资金方面，落实政策保障，明确资金来源与使用范围，对经费保障进行动态调整，强化资金众筹力度；在工作机制方面，建立区域性党组织提议和首议制、区域集中党课、党员分片联系等机制；建立基层问题解决机制（联村干部为主要节点的即时性问题解决、基层工作分析会、现场办公会）、街道（镇）干部要积极建立走访联系制度、结对帮扶机制、"三叶草"机关服务对接机制等；建立服务机制，区域公共服务中心（站）统一实行集中开放式办公，柜台式服务；明确公开服务项目、服务内容、服务流程，服务大厅实行即时办理制、承诺办理制、上报办理制、补办告知制、退回答复制、全程代理制，实行一个窗口受理、一次性告知、一站式办结，推行"打包"服务，明确办结时限；保持与街道（镇）服务中心、区行政服务中心业务衔接畅通，积极探索审批网络（包括区各行政职能部门）互联互通；建立评议机制，对基层反映的问题，解决处理后要建立双向反馈工作制度，群众反馈不满意的要跟踪督办；对基层党组织工作开展情况，建立群众满意度测评工作制度；对机关干部下村联系工作，建立联村（社区）干部民主测评工作制度，通过建立一套督促反馈评议机制促使基层事务长效管理，推进区域化党组织服务工作的群众满意度测评，加强对测评结果的运用等。

（五）区域化党建的推进

截至2018年，全区已经建成97个区域化管理片区，其中按片区规模划分：一类片区32个，二类片区26个，三类片区39个。按所属街道（镇）划分：新碶街道20个，小港街道14个，大碶街道14个，柴桥街道12个，霞浦街道8个，戚家山街道4个，白峰镇12个，春晓街道6个，梅山街道7个。按党建模式划分：城市片区型31个，农村片区型29个，工业园区型7个，村居企混合型16个，撤村建居型10个，商圈统筹型4个。

为推进区域化党建片区有序发展，按照片区建设和推进程度，一般划分为基本型片区、规范型片区和加强型片区三种类型。根据三种类型片区的不同特点和发展需要，每种类型给予不同的资金加权，构建不同发展形态的梯次推进格局。2014年，全区区域化党建片区基本型2个，规范型18个，加强型39个；到2018年，全区区域化党建片区形成基本型3个，规范型16个，加强型78个。

1.基本型片区。基本型片区是指已初步具备"三位一体"区域化党建群系基本条件或主要条件，管理服务还有待于逐步规范片区。基本型的区域化党建片区，应当具备以下一些要素：

（1）组织体系。组织体系初步构建，区域性党组织、区域公共服务中心、区域协商议事组织"三位一体"主要组织架构初步建立，区域内党组织组建实现一定的覆盖，基层党组织关系基本理顺，区域内群团组织组建和社会组织组建工作初步推进。

（2）硬件设施。具备主要硬件设施条件，有适宜区域性党组织开展工作的办公场所；建立或者基本建立区域党员服务中心（站）；区域公共服务中心（站）中心面积和功能室设置达到初步要求，具备开展基本的便民服务的条件。

（3）队伍建设。片区服务队伍基本配备，区域性党组织、区域公共服务中心、区域协商议事组织骨干人员配备基本到位；按照区域服务对象数量、管理范围和规模类别，配备一定数量的专职工作人员。

（4）运行管理。基础服务逐步开展，明确区域党组织在各项工作中

的牵头抓总作用，初步整合片区各类服务资源，能够基本满足基层主要服务诉求，逐步统筹区域内行政村、社区、两新组织和流动人口的党建工作，区域群团组织建设和社会组织发展等工作逐步推进。

2. 规范型片区。规范型片区是指"三位一体"区域化党建体系已经建立，各项工作能规范开展运转的片区。具体指标有：

（1）组织体系。建立"1+N"方式的基层区域性党组织体系、建立区域协商议事会或和谐共建理事会组织、区域公共服务中心，并统筹区域内行政村、社区、两新组织、流动人口党建工作，统筹区域内的社会治理和公共服务事项。

（2）硬件设施。设有规范的区域公共服务中心（站）；有适宜区域性党组织和区域协商议事会或和谐共建理事会开展工作的办公场所；有区域性远教中心站点；有区域党员活动及服务中心（站）。

（3）人员配置与服务职能。按照区域服务对象数量、管理范围和规模类别，配备相应数量的专职工作人员。有明确的工作职责和功能设置，有完善的工作制度，公共服务职能完善，能适应基层要求开展"一站式"公共服务。

（4）社会治理民主协商平台。区域协商议事组织（区域议事会或和谐共建理事会）发挥作用较好，有效吸纳区域各类自治组织、群团组织、经济组织、社会组织以及社会团体成员参与。协商议事推行区域性党组织提议制和首议制、片区包片联系制、定期例会制、交叉任职制等制度，基层社会利益诉求渠道畅通。区域党组织主动培育、指导、引领社会组织发展，基层社会组织化程度不断提高。

（5）基层党组织活动。区域内党员、党组织底数清晰，并组建区域党务工作者团队统筹驻区单位党建资源,带动区域内群团组织建设,实现党群工作"区域一体化",实施区域全员共享的开放式党员教育管理,采取统分结合方式开展党员教育,零散党员、流动党员得到有效管理,党员服务网络健全,统筹开展党员志愿服务活动。

3.加强型片区。加强型片区是指服务创品牌,工作有特色,活动有成效的片区,在规范型片区工作的基础上,党的自身建设、基层协商民主、社会公共服务对周边地区形成辐射影响,其特色、亮点被其他片区应用,片区区域化党建经验受到区、市、省或者国家级表彰、推介,整体工作群众满意度比较高。在加强型片区有关指标基础上,具体指标还有:

(1)党的自身建设。"1+N"党组织体制中"N"支部实现动态型的应建尽建;区域性的片区党委(总支)能完整地甚至创造性地落实区委及街道(镇)党(工)委的各项决定和任务;前瞻性地研究片区内党建工作、社会工作的新情况、新问题,及时向街道(镇)党(工)委或上级部门提出加强和改进党领导经济工作、社会工作的意见和建议;能有力地指导、监督片区内党的各个支部有效地开展工作;片区联合党委(总支)及各个支部在组织的所在地应成为基层政治领导核心,享有较高的政治和社会威望,能有效地带动或协同民主党派(人士)、群团组织、社会组织及区域协商议事组织、党组织的所在地单位(企业、村委会等)展开各项工作;能对片区内的党员开展有效的教育、管理和服务工作,创造性地卓有成效地开展新党员的发展工作,能有效地统筹和利用片区内的党建资源包括有形的物质资源和无形的精神资源;片区内的党组织和党员、干部,自觉遵守和宣传党的路线方针政策、自觉遵守国

家的法律法规，在群众中能发挥先锋模范的榜样作用。

（2）社会公共服务。内容广泛且富有特色，在公共服务中心"一站式"服务的基础上，为片区内特殊对象如老弱病残人员建立服务档案，并为他们提供力所能及的特殊服务，诸如办好小区老年食堂、建立居家养老、集中养老机构，等等。建立片区民情联系制度，建立民情服务档案，能在助残、助学、就业、排解家庭、邻里矛盾等方面提供必要的信息、物质和精神性服务；建立或协调开辟群众文体活动的自娱自乐场所；每年计划并组织片区居民开展一定规模的群众性文体活动；吸纳诸如"自家人服务站""老娘舅理事会"等社会组织参与基层服务，建立服务型党组织示范基地，开展诸如"红马甲服务站""向日葵服务方式"等品牌服务方式，群策群力，建设安居乐业，融洽祥和的和谐片区。

（3）基层协商民主。区域议事会或和谐共建理事会各项制度健全；成员具有广泛的民主代表性；制度性活动经常，倡议性活动灵活；理事会或议事会信息反映及时、传递渠道畅顺；区域议事会或和谐共建理事会在区域经济发展、创新社会治理过程中发挥解决社会矛盾主渠道的作用，对区域经济开发、撤村建居过程中所产生的大量社会问题，能在议事会或理事会这一制度平台上，通过协商民主这一机制加以妥善解决；议事会或理事会在协商讨论过程中，区域党组织或党的干部既能发挥主导性的或骨干型的作用，又能尊重各方意见、充分发扬民主，以达到各方权利的聚集、妥协，进而或将矛盾消弭于无形或将矛盾加以平稳地解决，或将各方权利最大化，以实现区域性的社会和谐。同时，区域议事会、和谐共建理事会的成员，当在区域内发生或可能发生突发性社会矛盾时，应成为第一时间的矛盾解决者或信息反映者，并将社会矛盾限制在可控的范围内。

四、区域化党建引领霞南村"三治"发展

（一）霞南村所在的新浦片区党建基本情况

在区域化党建中，霞浦街道将霞南村划归为新浦片区，并在街道党工委的统一领导下通过加强党建工作引领"三治"发展。街道党工委深入学习贯彻党的十八大、十九大和习近平总书记讲话精神，牢牢把握抓党建就是"最大政绩"的根本遵循，严格落实上级党建要求和区域化党建部署，围绕"全面进步、全面过硬"要求，实现党建责任过硬、党员教育过硬、服务群众过硬、组织业绩过硬、保障体系过硬的美好蓝图，

社区党建宣传墙

通过串点成线、连线成品、扩片成面,推动基层党建工作均衡发展、齐头并进,构建霞浦党建新格局。霞浦街道党工委下辖6个基层党委,2个党总支,30个支部,共有党员1800多名。到2018年底,建成区域化党建片区7个,其中加强型7个,建成7个基层党建"整片建强"示范片,四星及以上基层党组织比例达到90%以上。

新浦片区属于村居企混合型片区,成立于2001年7月,面积约7.2平方公里,服务人口35000人,规模上属于二类片区。片区层面设立新浦社区联合党委,片区内有各级党组织10个,党员433名。片区内有9个行政村和6家临港大企业,还有其他居民社区和企事业单位,它们性质各异、发展目标有差别、党建水平不平衡,霞南村总体上各方面显得有些薄弱。但是,该片区在党建水平上总体属于加强型片区,形成了符合片区实际情况的党建工作模式与特色。片区通过"1+9+N"实现小区域大统筹,推行合力共建模式,推动村居互动、村企互利、居企互爱,使各构成单位党建和发展共同进步;依托1个党员周末大课堂、1个党员远程教育服务点、11个党员活动点深化党员教育活动,增强"两学一做"的实效性;通过"一缕霞光"促使农村党员志愿服务转型升级,通过打造党员服务基地,组建专业性强、有技术、有针对性的志愿服务团队,让党员走进群众尽义务、做贡献、做表率、树形象,更好密切党同人民群众的血肉联系,发挥广大党员的先锋模范作用。

(二)区域化党建中推进霞南村党的建设

首先是改变了村支部比较软弱涣散的状况。霞南村由于征地补偿等原因,多年来社情民意一直比较复杂,群众信访问题历来比较突出,村干部队伍极不稳定,近11年换了多任党支部书记,村支部组织不稳定,出现了软弱涣散的局面，对村两委建设造成了消极作用，严重影响该村的发展。针对这些问题，街道党组织选派了挂村领导干部、机关包村干部和蹲村第一书记，成立软弱落后党组织整顿转化工作组，深入该村调查研究、制定整转方案，调整配强班子，梳理解决矛盾，努力解决信访积案，想方设法培养锻炼村后备干部，并在2015年初对霞南村进行了党组织换届，组织培养的三个支委人选高票产生，对新班子上任前谈话，既教方法又提要求，帮助新班子开展各项工作，多为群众办实事做好事解难事，使新班子得到了村民的认可与信任，能够保持任期内的稳定。

其次，在区域化党建中不断加强霞南村党的建设。在街道干部传帮带的同时，街道党工委利用新浦片区党建平台，不断提供经费与资源支持，使霞南村基层党建硬件条件得到改善；通过指导和督促提升霞南村党建制度化与规范化水平；通过搭建村和片区两级共享的党员学习教育平台，充分发挥霞南村红色资源和张人亚党章学堂的作用，加强村党员的学习教育活动；通过村支部与企业党组织"结对共进"，建立基层党组织互帮、互学、互助的有效机制，开展党课齐学、文体互动、佳节共庆等活动，激活组织生活、丰富活动内容、增加活动实效，不断提高村企基层党组织的创造力、凝聚力和战斗力，努力形成优势互补、资源共享、共同发展的村企共建新格局。通过量化、督查与述职等机制，推进霞南村党建标准化。一是制定清单，量化赋分。梳理出6大方面22条明细清单，包括党员发展、支部活动规范、党务公开等16项基础类工作和动态评估、党员联户等6项季度调整类工作，对每项工作量化赋分。二是完善机制，督查评分。建立动态督查机制，通过组成专门督查小组，下发"督查通知单"等形式，由联村干部跟踪落实，疑难复杂问题提交党政

会议，由街道书记协调落实并评分。三是考核问责，综合赋分。每季度制成"季度基层党建工作报表"，督查评分情况计入各村党组织和村干部个人年度考核，以此激发村党组织书记抓村级党务工作的动力。四是实施基层书记抓党建述职项目。进一步明确管党治党主体责任和书记抓党建第一责任，明确述职内容、程序和要求，扩大测评范围，注重述职结果的运用，进一步增强基层党组织书记抓党建的责任意识。这些措施的实施使霞南村党建工作能够跟上区域党建的节奏，党建工作不断落到实处，标准化和规范化水平得到提升。

最后，通过服务群众和参加公益活动发挥党员模范先锋作用。在区域化党建中，不仅街道干部经常走村串户深入居民家中，而且村干部和党员也经常收集群众要求积极向上反馈，尽力解决他们的困难和合理要求。霞南村党员按照组织要求参加"戴党徽、亮身份、展风采"活动，在公共事务和志愿活动中作出表率，如参加"共产党员户"挂牌树家风家训活动、"点亮微心愿·沐浴微幸福"微心愿认领活动等；街道层面成立了"绿手环"环保志愿者协会等29支党员志愿者服务团队，霞南村的党员积极参加这些公益志愿组织，在地铁站售票引导、卫生保洁、治安巡逻、卫生整治、留守子女关爱等项目中提供志愿服务，发挥着党员先锋模范作用，既受到了一般群众的高度评价，又激励着更多群众投身公益活动中来。

（三）区域化党建中推进"三治"发展

通过街道党政工作系统、新浦社区联合党委和霞南村党支部三级工作体系的领导与引领，霞南村自治、法治和德治建设不断发展提升，为该村的建设与发展提供了有效的治理保障。

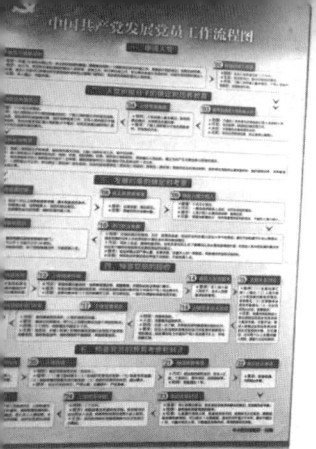
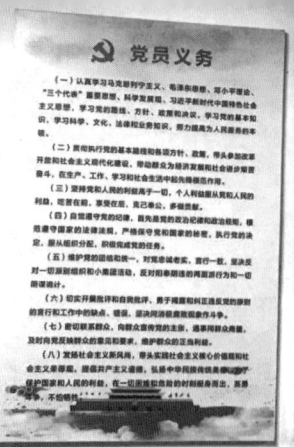

霞南村党建宣传墙

村民自治得到改善。一是优化并稳定村委会人员构成。在农村基层自治建设中，村民自治委员会发挥着重要作用，承担着落实村民（代表）大会决策进行日常治理的职责，因此村民委员会成员构成与稳定状况直接关系到村民自治能否实现。霞南村2015年前，由于征地等原因，村内部矛盾比较尖锐复杂，村两委开展工作也比较困难，村支书和村委会成员构成也一直不稳定。2015年，在对村党支部进行换届的基础上，对村委会也进行组织调整，对隐瞒计划外生育而选举出的村主任，在区基层组织领导小组的大力支持下，张贴公告，取消其当选资格，在做好村委思想工作，让其担任村主任助理，协助书记承担行政责任。二是加强对村民自治的指导。发挥"扁担干部"的指导作用，按照"走村不落户，户户见干部"制度的要求，"扁担干部"每星期至少2次下村走访，认真撰写《民情日记》，重点走访村两委会成员、党员、村民代表、困难户、信访户五类群体，实时掌握村级班子建设、各类突出矛盾，及时协调村两委会班子关系，化解内部矛盾，维护班子团结。针对潜在的问题苗头，充分发挥"扁担干部"和片区负责人的作用，能解决的及时解决，不能解决的做好解释安抚工作。发挥"第一书记"作用，在指导帮助村、社区开展新农村建设、征地拆迁、社会维稳工作的同时，借助他们各自的资源和优势助力村级党组织换届选举工作。发挥联村干部党建引领"三治"：霞南村政治建设  第七章

的重要作用，根据换届选举的轻重需求，结合干部人事调整，对联点联村干部进行了调整；霞南村村情民意比较复杂，历来群众信访问题比较突出，村干部队伍不稳定，2015年由街道分管政法的副书记作为联村领导，直接指导霞南村的党建与治理工作，村两委建设因此得到加强，老的信访问题逐步解决，并有效防止了新信访问题的产生，村民自治的各种制度建设也都取得了明显成效。三是村民自治实践水平大力提高。村民代表大会制度、村两委联系会议制度、村民说事制度、村务公开制度、村级权力运行规范制度、村卫生清洁制度、村规民约等一系列制度不断完善，保障了村民参与和村两委的健康运行，村民民主意识、公共关怀精神和参与能力不断提高，制度和主体两方面的进步使得村民自治质量得到改善。

法治、德治顺利推进。坚持法治和德治两手抓，建设社会主义法治国家和文明国家，是我国建成社会主义现代化国家的重要目标，党的十八大以来，这两方面的建设取得了丰硕成果，农村法治与德治建设也是加速推进。党的十八届四中全会专题研究全面依法治国重大问题并作出《关于全面推进依法治国若干重大问题的决定》，把全面依法治国纳入"四个全面"战略布局，明确了全面依法治国的总目标和总蓝图、路线图、施工图。在国家层面建设法治国家主要是要坚持依法治国、依法执政、依法行政共同推进，坚持法治国家、法治政府、法治社会一体建设，全面推进科学立法、严格执法、公正司法、全民守法，党的十九大对深化依法治国实践做了进一步部署，并从加强党对法治建设的领导、保障人民民主、改革国家监督体系、完善社会治理体系等方面。法治与德治相辅相成，相互支撑。我们党高度重视德

霞南村村务公开栏

治在国家治理中的重要作用，党的十六大报告首次阐述了依法治国和以德治国的关系，指出依法治国属于政治文明范畴，以德治国属于精神文明范畴，依法治国与以德治国并非彼此对立，而是相互补充、相互促进。进入新时代，习近平总书记明确指出："治理国家、治理社

霞南村村民说事制度

会必须一手抓法治、一手抓德治，既重视发挥法律的规范作用，又重视发挥道德的教化作用，实现法律和道德相辅相成、法治和德治相得益彰。"党的十八大以来，党中央高度重视社会主义核心价值观培育和践行，作出了一系列重要决策部署，制定出台了《关于培育和践行社会主义核心价值观的实施意见》等指导性文件，通过理论创新、舆论宣传、教育引导、文化熏陶、实践养成、制度保障等途径，学习与践行社会主义核心价值观在城市农村深入推进，社会文明水准不断提高。乡村振兴战略目标包括乡风文明和治理有效，对法治与德治提出明确要求。

国家的这些方针、政策与战略为霞南村法治德治建设指明了方向、目标与路径。在地方各级党委政府领导下，霞南村加大了法治德治宣传和制度建设力度，法治德治实践不断推进，村民和村级组织法治意识与文明程度不断提高，村级权力运行监督制约机制、村规民约等制度不断完善，村民守法水平、依法保护权益水平、村两委依法管理水平进一步提升，村民之间的信任、互助与凝聚得到加强，村民公益精神、行为文明程度、尊老爱幼风尚、情感伦理等方面都有显著进步。法治德治的发展使得霞南村自治有了坚实的制度与社会基础，保障了霞南村的和谐发展与文明进步。霞南村法治建设、德治建设取得的成绩得到了上级的肯定并因此被评为宁波市文明村、浙江省民主法治村、法制宣传教育先进村等。

霞南村民主法治和文明建设方面获得的荣誉

总之,霞南村通过区域化党建,引领自治德治法治建设,保障了该村经济社会全面发展。在自治法治层面,村"两委"战斗力大为提升,干部队伍整体稳定,制度运行情况良好,村级权力运行日益规范,村务财务"阳光"化,群众参与权利得到保障。区域化党建实现了党建与社会治理"双网融合",进一步完善了社会治理体系,发挥了基层党组织在社会治理中的核心作用,提高了社会治理能力,很多积压多年的利益矛盾得到化解,霞南村社会更加和谐;社会组织发育更加充分,并广泛参与治安、环保以及各种便民利民服务项目。霞南村经济发展动力与水平进一步增强,居民生活水平不断提高,各种公共服务不断完善;实现了党建引领德治和文化发展,霞南传统的优秀文化得到坚守,革命精神得到传承,社会主义新文化不断发展,村民文化生活日益丰富多彩;实现了红色党建引领绿色发展,"五水共治"、生态环境整治和美丽乡村

建设扎实推进,生态农业与生态旅游稳步发展,绿水青山与金山银山正在实现有机统一,携手共进。再经过若干年连续奋斗,霞南村一定能够率先全面建成高水平的小康社会,并在实现现代化的伟大征程中走在前列,为实现中华民族伟大复兴的中国梦作出更大的贡献。

附 件

附件1:

张人亚生平年谱(初稿)

原名:静泉

谱名:守和

又名:人亚

曾用名:白青水、张信泉、引川、梦亚

出生年月:1898年5月18日

出生地:北仑区霞浦街道霞南村

就读学校:霞浦学堂、镇海县立中学

1913年,赴上海南京路老凤祥银楼当学徒。

1922年4月,加入中国社会主义青年团。

1922年5月,首届中国社会主义青年团上海地方执行委员会成立,领导成员有三人:地委书记由团中央书记施存统兼任,秘书袁孟冰,委员张人亚。

1922年6月,为浦东纺织工会罢工募捐被捕,在巡捕房被禁一天。

1922年9月16日,在中国共产党领导的中国劳动组合书记部上海分部帮助下,上海金银业工人俱乐部成立,张人亚出任俱乐部主任。

1922年10月7日,上海金银业工人俱乐部发表罢工宣言,举行全行业

罢工。11月1日，在宁波旅沪同乡会调停下，张人亚等六位工人代表与资本家代表双方签订协议，3日罢工结束，4日全体复工。此次罢工持续28天。罢工结束后，张人亚在党组织安排下到商务印书馆同孚消费合作社工作。

1922年11月，加入中国共产党。

1923年7月，因张秋人调离中国社会主义青年团上海地委工作，由张人亚接任中国社会主义青年团上海地方执行委员会书记。

1923年8月，参加在南京举行的中国社会主义青年团第二次全国代表大会。

1923年8—11月，担任《向导》报的发行工作。

1923年9月9日，张人亚以中国社会主义青年团上海地方执行委员会书记名义向中国社会主义青年团中央作了《团上海地委关于改组问题向团中央的请示》。

1923年9月27日，任中共上海地委直属第二党小组组长。组长一职担任至1924年1月。

1924年1月，中国社会主义青年团上海地委改选，委员长张秋人，委员张秋人、张其雄、韩觉民，候补委员张人亚、阎鸿均、周启邦，秘书兼会计张人亚。直到1924年3月19日，中国社会主义青年团上海地委再次改组，张人亚离开中国社会主义青年团上海地委领导岗位。

1924年5月26日，浙江旅沪工会成立。大会选举徐梅坤为会长，张人亚为交际部长。

1924年8月14日，由全国学生总会、市民对外协会、上海工团联合会、广肇公学等团体发起的"上海废除不平等条约运动大同盟"成立，张人亚当选为执行委员。

1924年10月，奉调赴苏联，入莫斯科东方大学学习，至1925年夏（"五卅惨案"后）回国。

1925年8月，任新成立的、隶属于中共上海地方执行委员会的中共浦东支部联合干事会书记。同年10月，在浦东支联会基础上成立了中共浦东部委，张人亚任部委书记。次年1月转任浦东部委组织部主任，6月起兼任宣传部主任。

1926年10月，按组织要求再赴莫斯科继续学习。在海参崴体检时发现患有沙眼（当时苏联认为沙眼属传染病），留当地治疗，并于1926年底1927年初回国。

1927年初，任中共江浙区委宣传部分配局负责人，筹办上海总工会机关报——《平民日报》。

1927年2月27日，《平民日报》创刊，张人亚兼任发行所负责人。同年4月14日，因传播共产主义思想，《平民日报》社被国民党查封。《平民日报》后更名《繁华世界》《青天白日报》秘密散发，同年9月被迫停刊。

1927年末（1928年初），将自己学习收藏的中共党内文件和马克思主义书报冒险转移到宁波乡下（北仑霞浦）秘藏。为中国共产党留下了一批珍贵的革命文献。

1928年4月，接任中共中央组织局交通科内交主任。

1928年7月至1929年7月，任中共中央秘书处内埠交通科科长。

1929年7月，赴中共安徽临时省委驻地——芜湖，开设金铺，为中共中央筹集经费、物资。

1931年初（1930年底），回上海，任中国革命互济会全国总会主任。

1931年6月，任中共芜湖中心县委书记。

1931年12月底，离开芜湖，转道上海于1932年初赴瑞金。

1931年12月，任中共中央工农检察委员会委员，同时兼任中华苏维埃工农检察委员会委员。

1932年初，兼任中华苏维埃共和国印刷局局长。

1932年6月15日，任中华苏维埃共和国出版局局长兼印刷局局长。

1932年12月23日，由瑞金赴福建长汀苏区途中，因积劳成疾，病逝。

附件2：

张人亚秘藏的部分珍贵文物名录

珍藏于中央档案馆

1.《中国共产党第二次全国大会决议案》（1922.7）（唯一存世的中共"二大"中文文献）

珍藏于国家博物馆

1.《中国共产党第三次全国大会决议案和宣言》（1923.7）

国家一级文物

2.《共产党》月刊 第一号（1920.11.7）

3.《共产党》月刊 第二号（1920.12.7）

4.《共产党》月刊 第三号（1921.4.7）

5.《共产党》月刊 第四号（1921.5.7）

6.《共产党》月刊 第五号（1921.6.7）

7.《共产党》月刊 第六号（1921.7.7）

8.《马克思纪念册》（1922.5） 珍贵藏书

9.《劳动运动史》（1922.4） 珍贵藏书

珍藏于中共"一大"会址纪念馆

1.《共产党宣言》（1920.9）

2.《工钱、劳动与资本》（1921.12）

3.《劳农会之建设》（1921.12）

4.《共产党礼拜六》（1922.1）

5.《列宁传》（1922.1.）

6.《劳农政府之成功与困难》（1922.2）

7.《共产党底计划》（1921.12）

8.《俄国共产党党纲》（1922.1）

9.《国际劳动运动中之重要时事问题》（1922.1）

10.《第三国际议案及宣言》（1922.4）

11.《李卜克内西纪念》（1922.1）

12. 上海金银业工人俱乐部成立大会全体合影照片（1922.9.16）

13.《五一特刊》（1922.5.1）

14.《马克思纪念册》（1922.5.5）

15.《青年工人》第二期（1924.2.15）

16.《青年工人》第三期（1924.3.15）

17.《劳动与妇女》第二期（1921.2.20）

18.《唯物史观解说》（1921.10）

19.《俄国革命记实》（1922.1）

20.《京汉工人流血记》（1923.5）

21.《社会科学讲义》第一集

22.《社会科学讲义》第二集

23.《社会科学讲义》第三集

24.《社会科学讲义》第四集

25. 画片

截至2018年3月，已发现的张人亚秘藏珍贵文物共36件，其中一级文

物21件（含中共档案馆的二大决议案），二级文物4件，三级文物9件，未评定的珍贵藏书2件。另有未列入上表的一般文物、参考文物15余件。

表2-2　全国农会联合会会议筹办委员会各股股员名单

股别	姓名	别号	籍贯	官职
文牍股股员	陈其瑗	志建	广东	佥事
	章鸿钊	演群	浙江	技正
	易次乾	次乾	广东	佥事
	韩安	竹平	安徽	佥事
	漆运钧	铸城	贵州	佥事
审查股股员	刘籲	奇普	湖南	参事
	杨勉之	芊秋	湖南	参事
	杨荣志	襄南	广东	参事
	郑宪武	叔蕴	广东	参事
	田步蟾	桂舫	江苏	垦牧司司长
	曹文渊	悟深	浙江	水产司司长
	陈训昶	仲章	福建	佥事
	章祖纯	子山	浙江	佥事
	易次乾	次乾	广东	佥事
	李恩庆	筠田	奉天	佥事
	黄艺锡	涧书	江苏	佥事
	杜慎傀	兴五	湖南	佥事
	杨景贤	杏雒	广东	佥事
	李嘉瑗	璧全	云南	佥事
	齐鼎颐	养安	顺天	佥事
	张际春	杏晴	浙江	佥事
	韩安	竹平	安徽	佥事
	漆运钧	铸城	贵州	佥事
	谭天池	莲园	广东	技正

后 记

2008年的金秋10月，中国社会科学院同宁波市人民政府开展战略合作。中国社会科学院作为我国哲学社会科学研究的最高殿堂，党中央、国务院的"思想库"和"智囊团"，是高层次研究型人才高度集聚的综合研究中心，在学科建设、学术研究、人才储备、信息文献等方面拥有无可比拟的优势和得天独厚的条件，但要更好地推进自身的科学发展、更好地在党和国家工作大局中发挥作用，也需要选择一些认识国情的窗口，需要拓展自己的发展平台，需要为理论创新提供实践支撑。宁波市作为我国东南沿海重要港口城市，处在改革开放前沿，经济社会发展呈现出一系列新的特征，面临着一系列新的挑战，这些新特征和新挑战既为中国社会科学院的学术研究提供了现实的场域，又提供了展示才能的舞台。

2013年10月，同样是金秋时节，中国社会科学院与宁波市签订了第二轮战略合作协议。战略合作以来，尤其是党的十九大以来，我国的国情与宁波的市情都发生了很大变化，改革开放步入新的"深水区"，需要进行新的攻坚战。这就更需要中国社会科学院与宁波市政府紧密合作，共同探索和解答一些党和国家关心的理论和实践问题，为实现中国经济的转型升级，为实现中国更好的发展，为实现中华民族伟大复兴的中国梦作出更大的贡献。这就非常需要社科研究人员在走向实践、深入群众、服务社会中寻找学术研究的生长点、理论创新的支撑点。

中国社会科学院与宁波市人民政府的战略合作办公室设在马克思主义研究院。近年来，马克思主义研究院一直跟踪着宁波经济社会发展，取得了丰硕的成果。

2018年是乡村振兴战略实施开局之年，同时又是中国社会科学院与宁波市人民政府战略合作10周年。实施乡村振兴战略，是以习近平同志为核心的党中央着眼党和国家事业全局，深刻把握现代化建设规律和城乡关系变化特征，顺应亿万农民对美好生活的期待，作出的重大决策部署，是决胜全面建成小康社会、全面建设社会主义现代化国家的重大历史任务。习近平总书记和党中央牵挂的千千万万个村庄在乡村振兴战略实施中究竟发展得怎么样，能不能在国家战略引导支持下全面建成高水平小康社会并向现代化的更高阶段迈进，这是需要通过调查研究作出回答的重大课题。马克思主义研究院决定在2018—2019年，以"习近平总书记牵挂的宁波村庄"为主题，选择横坎头村、滕头村和霞南村为典型，编纂《乡村振兴的宁波样本系列丛书》，以此为国家的乡村振兴战略提供一些经验借鉴，同时也作为中国社会科学院与宁波市人民政府战略合作10周年的合作成果。

《乡村振兴的宁波样本系列丛书》由中国社会科学院马克思主义研究院原书记、院长邓纯东研究员担任主编，宁波市党建研究所所长邢孟军博士担任副主编。

本书是《乡村振兴的宁波样本系列丛书》的第三本——《城乡融合发展中走向振兴的城郊村：霞南村》。

后 记

  丛书在编辑出版过程中，得到了宁波市有关部门的鼎力相助，宁波市委党史研究室党史处处长刘士岭博士、北仑区霞浦街道胡斌书记、许海芳副书记和郭恒烁女士，余姚市党史办副主任罗捷，横坎头村党委书记张志灿，滕头村党委书记傅平均，横坎头村大学生村官王凌枫都给予了大力支持，提供了大量原始材料。丛书在写作过程中，还借鉴了宁波市相关学者的大量研究成果。

  在此，谨向所有为丛书的出版提供帮助的各界朋友表示诚挚的感谢！

  今年恰逢中华人民共和国成立70周年，又是实施乡村振兴战略的关键之年。霞南村作为革命者张人亚的家乡，是一个具有典型意义的城郊村。该村的发展变化充分体现了沿海城市郊区农村现代化特征，浓厚地展现了中华人民共和国成立70年来的伟大改变。在此，谨将《城乡融合发展中走向振兴的城郊村：霞南村》一书献给伟大的中华人民共和国、伟大的改革开放、伟大的乡村振兴战略！

编者

2019年7月